똑똑해지는
고사성어
505

기획·글 도토리창작연구소

도토리창작연구소는 다양한 콘텐츠로 아이들이 큰 나무처럼 튼튼하게 중심을 잡고 잘 자라는 데 작은 역할이라도 하고자 합니다. 아이들의 우리말 어휘력과 논술 실력을 키울 수 있는 책뿐 아니라 유익하면서도 재미있는 다양한 분야의 유아, 아동 도서를 기획, 편집하고 있어요.
지은 책으로는 「똑똑해지는 숨은한글찾기」 시리즈, 『똑똑해지는 수수께끼 505』, 『똑똑해지는 속담 505』 등이 있어요.

그림 오우성

'오레'와 '오오'라는 쌍둥이 형제 캐릭터로 매일 유쾌하고 별난 생각을 그려내는 그림 작가예요.
개인 SNS 계정에 네 컷 만화로 '꽤 괜찮은 딴생각'을 표현하며 일상을 보내고 있답니다.
지은 책으로는 『오레 오오 명화 다른그림찾기』, 그린 책으로는 『똑똑해지는 속담 505』,
『신기한 독서 훈련』, 『오레오오와 미세먼지』, 『잔소리 증후군에 걸린 해리』, 『오레오오 다이어리 1, 2』 등이 있어요.
SNS : https://instagram.com/OLAOO_WS

똑똑해지는 고사성어 505

초판 1쇄 발행 2022년 12월 20일

기획·글 도토리창작연구소 그림 오우성
펴낸곳 도서출판 아라미
펴낸이 백상우
편집 정유나 디자인 이하나 마케팅 성진숙 관리 정수진
등록번호 제313-2009-131호
주소 서울시 마포구 토정로 192 진영빌딩 206호 전화 02-713-3257 팩스 02-6280-3257
E-mail aramy777@naver.com
ISBN 979-11-977972-8-6 74710   979-11-977972-7-9 (세트)

ⓒ 아라미, 2022

◆ 출판사의 허락 없이 내용의 일부를 인용하거나 발췌하면 안 됩니다.
◆ 책값은 뒤표지에 있습니다.
◆ 연초록은 도서출판 아라미의 브랜드입니다.

제조자명 도서출판 아라미 제조년월 2022년 12월 20일 품명 어린이책 제조국 대한민국 모델명 똑똑해지는 고사성어 505 사용연령 8세 이상
주소 서울시 마포구 토정로 192 진영빌딩 206호 전화 02-713-3257 팩스 02-6280-3257
주의 종이에 베이거나 긁히지 않도록 조심하세요. 책 모서리가 날카로우니 던지거나 떨어뜨리지 마세요.

머리말

유익한 고사성어가 505개나!
똑똑해지는 두뇌 개발 놀이도 함께!

"치킨은 다다익선이야."
"살신성인하는 마음으로 내가 양보하지!"
"매콤한 떡볶이에 최고급 치즈를 곁들여 화룡점정!"

어떤가요? 무슨 말인지 알아들을 수 있나요?
아마 무슨 뜻인지 알쏭달쏭할 거예요.
곁들여 말하면 왠지 똑똑해 보이는 복잡한 암호 같은 고사성어!

고사성어는 옛이야기에서 유래한 한자로 된 말로,
우리의 대화, 뉴스, 책 속에서 늘 쓰이고 있어요.
이처럼 유익한 고사성어와 좀 더 친해지는 방법은 무엇일까요?
이 책으로 웃음 나는 그림을 보며 두뇌 게임을 하는 사이
505개나 되는 고사성어를 술술 익혀 보세요.

숨은그림찾기, 미로 찾기, 빈칸 채우기, 그림 고르기, 뜻 맞히기 등
재밌고 다양한 두뇌 개발 놀이를 하다 보면
일상생활에서 고사성어를 척척! 활용할 수 있게 된답니다.

자, 이제 지혜와 어휘력을 키워 주는
고사성어의 세계로 성큼 들어가 볼까요?

 **차례**

머리말 4

1 고사성어 숨은그림찾기 I 6

2 고사성어 숨은그림찾기 II 34

3 고사성어 빈칸 완성하기 62

4 고사성어 그림 쏙쏙 고르기 90

5 고사성어 알쏭달쏭 뜻 맞히기 118

6 깔깔깔 이야기 고사성어 146

쉬어 가기 : 미로 찾기 28, 56, 84, 112, 140, 178

쉬어 가기 : 줄 잇기 29, 57, 85, 113, 141, 179

고사성어 파워업! 30, 58, 86, 114, 142, 180

1

고사성어
숨은그림찾기
I

꼭 알아야 할 4개의 고사성어가 한 장면에 있어요!
고사성어와 관련된 그림들을 자세히 살펴본 뒤,
그림 속에 숨은 그림을 찾아보세요.

정답은 183쪽~184쪽에 있어요.

고양이 목에 방울 달기

거두절미하고 말하겠다.
누가 고양이 목에
방울을 달러 갈래?

1

거두절미

(去버릴 거, 頭머리 두, 截끊을 절, 尾꼬리 미)
'머리와 꼬리를 잘라 버린다'는 말.
말할 때 앞뒤 설명 없이
하고 싶은 얘기만 하는 걸 뜻해요.

영감님이 비겁하다고
언중유골로 비난하다니!

영감님은 안 가시고
다른 쥐를 보내시려고요?
참, 용감하시네요, 쯧쯧.

2

언중유골

(言말씀 언, 中가운데 중, 有있을 유, 骨뼈 골)
'말 속에 뼈가 있다'는 말. 누군가
한 말에 숨은 뜻이 있다는 말이에요.

수박 서리는 안 돼!

고진감래라고, 열심히 일하고 나니 쉴 때가 있네.

고진감래
(쓸 고, 盡다할 진, 甘달 감, 來올 래)
'쓴 것이 다하면 달콤한 게 온다'는 말.
고생 끝에 좋은 날이 온다는 뜻이에요.

권선징악이라고, 수박을 훔쳤으니 그 벌로 5분 동안 손 들고 있어라.

권선징악
(勸권할 권, 善착할 선, 懲혼낼 징, 惡악할 악)
선한 일은 권하고 악한 일은 혼낸다는 뜻이에요.

숨은 그림

아이스크림, 장갑, 털모자, 풍선

부자유친이라더니 부모님이 자식을 참 아끼시는구나.

19 부자유친
(父아버지 부, 子아들 자, 有있을 유, 親친할 친)

부모 자식은 서로 사랑하고 공경해야 한다는 뜻이에요.

조강지처인 당신에게 더 잘하리다.

20 조강지처
(糟지게미 조, 糠겨 강, 之갈 지, 妻아내 처)

술을 만들고 남은 찌꺼기와 쌀겨를 먹을 정도로 가난할 때 함께했던 아내를 뜻해요.

와글와글 서당의 하루

난 정말 박학다식해.

21

박학다식
(博넓을 박, 學배울 학, 多많을 다, 識알 식)
많이 배워서 아는 게 많다는 뜻이에요.

백문불여일견이랬어. 난 과학자가 꿈이라 재채기하는 모습을 직접 보고 싶어.

22

백문불여일견
(百일백 백, 聞들을 문, 不아닐 불, 如같을 여, 一하나 일, 見볼 견)
'백 번을 듣는 것보다 한 번 보는 게 훨씬 낫다'는 말. 무엇이든지 경험해 보아야 안다는 뜻이에요.

숨은 그림: 벽돌, 붓, 장화, 컵

23 독오거서

(讀읽을 독, 五다섯 오, 車수레 거, 書글 서)

수레 다섯 개에 실을 만큼 많은 책을 읽는다는 뜻이에요.

난 독오거서하여 훈장님이 될 거야.

24 독서삼매

(讀읽을 독, 書글 서, 三석 삼, 昧어두울 매)

다른 건 생각도 못 할 정도로 책 읽기에 푹 빠져 있다는 뜻이에요.

내가 아무리 짖어도 저 아이는 독서삼매로군.

동물들의 체조 경기

군계일학
(群무리 군, 鷄닭 계, 一하나 일, 鶴학 학)
닭 무리 속에 학이 한 마리 있으면 눈에 확 띄듯, 평범한 사람들 속 눈에 띄게 뛰어난 사람을 뜻해요.

우아, 저 학 정말 멋지다. 군계일학이야.

여기 있는 선물들 중 백미는 최신 노트북이야.

백미
(白흰 백, 眉눈썹 미)
눈썹 속에 흰 털이 있으면 눈에 금방 띄듯, 여럿 중 뛰어난 사람이나 물건을 뜻해요.

숨은 그림

 곰 인형  나비넥타이  럭비공  병아리

곤봉, 리본, 볼 체조까지 다 잘하다니 곰 선수는 참 다재다능하군.

27

다재다능
(多많을 다, 才재주 재, 多많을 다, 能능할 능)
재주와 능력이 많다는 뜻이에요.

원숭이의 체조 솜씨가 낭중지추로구나.

28

낭중지추
(囊주머니 낭, 中가운데 중, 之갈 지, 錐송곳 추)
주머니 속에 든 송곳은 뾰족하게 삐져나와서 눈에 띄지요. 이처럼 뛰어난 사람은 저절로 드러난다는 뜻이에요.

장원 급제한 날

어머니, 제가 금의환향합니다!

33 금의환향
(錦비단 금, 衣옷 의, 還돌아올 환, 鄕시골 향)
'비단옷 입고 고향에 돌아온다'는 말. 성공하여 집으로 돌아온다는 뜻이에요.

저 개 좀 봐! 주인 따라서 완전히 개선장군처럼 가네!

34 개선장군
(凱개선할 개, 旋돌 선, 將장수 장, 軍군사 군)
'적과 싸워서 이기고 돌아오는 장군'이라는 말. 성공하여 집에 돌아오는 사람을 뜻해요.

높은 산 푸른 물

"나도 땅을 열심히 파면 우공이산 격으로 우물이 생길까?"

37 우공이산
(愚어리석을 우, 公공평할 공, 移옮길 이, 山메 산)

옛날에 우공이란 노인이 흙을 한 삽씩 파서 산을 옮겼다는 이야기에서 나온 말로, 어리석어 보이는 일도 꾸준히 노력하면 성공한다는 뜻이에요.

38 마부작침
(磨갈 마, 斧도끼 부, 作지을 작, 針바늘 침)

'도끼를 열심히 갈다 보면 언젠가는 바늘이 된다'는 말. 어려운 일도 노력하면 이룰 수 있다는 뜻이에요.

"저도 마부작침 하듯 글공부를 끈기 있게 할래요!"

그림에 맞는 고사성어를 찾아 줄로 이어 보세요.

줄 잇기

①

42

원앙지계
(鴛원앙 원, 鴦원앙 앙, 之갈 지, 契맺을 계)
원앙처럼 사이좋은 부부 사이를 뜻해요.

②

43

정중지와
(井우물 정, 中가운데 중, 之갈 지, 蛙개구리 와)
'우물 안 개구리'라는 말.
세상 물정을 모르는 사람을 뜻해요.

③

44

토사구팽
(兔토끼 토, 死죽을 사, 狗개 구, 烹삶을 팽)
토끼 사냥에 쓰던 사냥개가 필요 없어지면 삶아 먹어 버리듯, 실컷 부려 먹다 필요 없을 때는 버린다는 뜻이에요.

고사성어 파워업!
故事成語

친구

45 결의형제
(結맺을 결, 義옳을 의, 兄형 형, 弟아우 제)
의형제를 맺는다는 뜻이에요.
예) 유비와 관우, 장비는 결의형제 후 적군과 싸웠어.

46 교우이신
(交사귈 교, 友벗 우, 以써 이, 信믿을 신)
친구를 사귈 때는 믿음이 있어야 한다는 뜻이에요.

47 금란지교
(金쇠 금, 蘭난초 란, 之갈 지, 交사귈 교)
'쇠처럼 단단하고 난초처럼 향기로운 사귐'이란 말. 깨지지 않는 두터운 우정을 뜻해요.

48 동생공사
(同한가지 동, 生날 생, 共함께 공, 死죽을 사)
'함께 살고 함께 죽는다'는 말. 즐거움과 어려움을 함께하는 우정을 뜻해요.
예) 내 친구 민호와 나는 동생공사하기로 약속했어.

49 막역지우
(莫없을 막, 逆거스를 역, 之갈 지, 友벗 우)
'거스름 없는 사이'라는 말. 허물없이 아주 친한 친구를 뜻해요.
예) 달수와 영민이는 어렸을 때부터 서로 별꼴 다 본 막역지우야.

50 붕우유신
(朋벗 붕, 友벗 우, 有있을 유, 信믿을 신)
친구 사이에는 믿음이 있어야 한다는 뜻이에요.

51 빈천지교
(貧가난할 빈, 賤천할 천, 之갈 지, 交사귈 교)
가난할 때 사귄 친구라는 뜻이에요.

52 수어지교
(水물 수, 魚물고기 어, 之갈 지, 交사귈 교)
물과 물고기의 관계처럼 서로 떨어질 수 없는 친한 사이라는 뜻이에요.

53 지기지우
(知알 지, 己몸 기, 之갈 지, 友벗 우)
내 마음을 알아주는 친구를 뜻해요.
예) 너는 내 지기지우야.

부부

54 금슬지락
(琴거문고 금, 瑟큰거문고 슬, 之갈 지, 樂즐길 락)
거문고들의 조화로운 소리처럼 부부 사이의 다정한 즐거움을 뜻해요.

55 백년가약
(百일백 백, 年해 년, 佳아름다울 가, 約맺을 약)
부부로 평생 함께하겠다는 약속을 뜻해요.
예) 삼촌은 외숙모와 지난 토요일에 백년가약을 맺었어.

56 부부지정
(夫남편 부, 婦아내 부, 之갈 지, 情뜻 정)
부부 사이의 애정을 뜻해요.

57 부창부수
(夫남편 부, 唱부를 창, 婦아내 부, 隨따를 수)
남편이 주장하고 아내가 따르는 도리를 뜻해요.
예) 오늘 아빠랑 엄마가 부창부수로 나를 놀렸어요.

58 천정배필
(天하늘 천, 定정할 정, 配짝 배, 匹짝 필)
'하늘이 정해 준 짝'이라는 말. 꼭 알맞은 한 쌍의 부부를 뜻해요.

가족

59 반포보은
(反돌이킬 반, 哺먹일 포, 報갚을 보, 恩은혜 은)
까마귀가 자라나서 늙은 어미에게 먹이를 날라 주듯, 자식이 다 커서 은혜에 보답한다는 뜻이에요.

60 부위자강
(父아버지 부, 爲할 위, 子아들 자, 綱벼리 강)
아들은 아버지를 섬겨야 한다는 뜻이에요.

61 엄부자모
(嚴엄할 엄, 父아버지 부, 慈사랑할 자, 母어머니 모)
엄한 아버지와 자애로운 어머니를 뜻해요.

62 조석정성
(朝아침 조, 夕저녁 석, 定정할 정, 省살필 성)
아침저녁으로 부모를 정성스럽게 돌본다는 뜻이에요.
예) 심청은 심봉사를 조석정성으로 보살폈어.

교훈

63 교토삼굴
(狡교활할 교, 兔토끼 토, 三석 삼, 窟굴 굴)
'교활한 토끼는 굴 세 개를 파 놓는다'는 말. 준비를 잘해서 위기를 피한다는 뜻이에요.

64 불치하문
(不아닐 불, 恥부끄러워할 치, 下아래 하, 問물을 문)
아랫사람에게 묻기를 부끄러워하지 말라는 뜻이에요.

65 적소성대
(積쌓을 적, 小작을 소, 成이룰 성, 大큰 대)
작은 것도 쌓이면 크게 된다는 뜻이에요.

66 적수성연
(積쌓을 적, 水물 수, 成이룰 성, 淵못 연)
'작은 물방울이 모여 연못을 이룬다'는 말. 작은 것들도 모이면 큰 것을 이룬다는 뜻이에요.

67 적토성산
(積쌓을 적, 土흙 토, 成이룰 성, 山메 산)
작은 흙먼지가 모여 산이 되듯, 작거나 적은 것이 모여 크게 되거나 많아진다는 뜻이에요.
예) 적토성산이라고 적은 돈도 아끼고 열심히 저축하면 부자가 될 수 있어.

68 반면교사
(反돌이킬 반, 面낯 면, 敎가르칠 교, 師스승 사)
다른 사람이 잘못한 일과 실패에서 가르침을 얻는다는 뜻이에요.
예) 그의 실패를 반면교사 삼아 우리는 더 조심해야 해.

능력

69 명불허전
(名이름 명, 不아닐 불, 虛빌 허, 傳전할 전)
'이름이 널리 알려진 데는 이유가 있다'는 말. 그만한 가치나 실력이 있다는 뜻이에요.
예) 이 컴퓨터 게임은 정말 명불허전이야.

70 왕좌지재
(王임금 왕, 佐도울 좌, 之갈 지, 才재주 재)
임금을 도울 만한 재능을 뜻해요.
예) 장영실이라는 과학자는 세종 대왕을 도운 왕좌지재였어.

71 추처낭중
(錐송곳 추, 處곳 처, 囊주머니 낭, 中가운데 중)
'송곳을 주머니에 넣으면 주머니 밖으로 송곳이 삐져나온다'는 말. 뛰어난 사람은 저절로 드러난다는 뜻이에요.

72 천리안
(千일천 천, 里마을 리, 眼눈 안)
'천 리 밖을 내다볼 정도의 눈'이라는 말. 사물을 꿰뚫어 볼 수 있는 힘을 뜻해요.
예) 엄마는 내가 뭘 하는지 멀리서도 볼 수 있는 천리안을 가진 것 같아.

노력

73	**면벽구년** (面낯 면, 壁벽 벽, 九아홉 구, 年해 년)	달마가 9년 동안 벽을 보고 도를 닦아 마침내 도를 깨우쳤다는 이야기에서 나온 말이에요. 뜻을 이루기 위해 오래 참고 견딘다는 뜻이지요. 예) 면벽구년에 결국 작가가 되었어!
74	**백절불요** (百일백 백, 折꺾을 절, 不아닐 불, 撓어지러울 요)	온갖 어려움에도 굽히지 않는다는 뜻이에요. 예) 그 선수는 백절불요의 정신으로 마침내 마라톤 경주를 다 뛰었어.
75	**불분주야** (不아닐 불, 分나눌 분, 晝낮 주, 夜밤 야)	밤낮을 가리지 않고 열심히 한다는 뜻이에요 예) 우리 형은 불분주야로 공부하더니 시험에 합격했어.
76	**자강불식** (自스스로 자, 強강할 강, 不아닐 불, 息숨 쉴 식)	스스로 힘써 쉬지 않고 노력한다는 뜻이에요. 예) 지금은 다른 사람의 도움을 받기보다 자강불식하자.
77	**주이계야** (晝낮 주, 而말 이을 이, 繼이을 계, 夜밤 야)	낮이나 밤이나 쉬지 않고 일한다는 뜻이에요.

독서

78	**독서삼도** (讀읽을 독, 書글 서, 三석 삼, 到이를 도)	책을 읽는 세 가지 방법을 말해요. 다른 말을 안 하고 책을 읽는 구도, 다른 것을 안 보고 책을 보는 안도, 마음을 다해 읽는 심도예요.
79	**삼매경** (三석 삼, 昧어두울 매, 境지경 경)	잡념 없이 하나에 집중하는 경지를 뜻해요. 예) 우리 언니는 지금 독서 삼매경이에요.
80	**월광독서** (月달 월, 光빛 광, 讀읽을 독, 書글 서)	'달빛으로 책을 읽는다'는 말. 어려운 상황 속에서 공부한다는 뜻이에요. 예) 월광독서하는 심정으로 낮에는 일하고 밤에 책을 읽었어.
81	**을야지람** (乙새 을, 夜밤 야, 之갈 지, 覽볼 람)	임금이 밤에 책을 읽는 일을 뜻해요. 을야는 밤 9시부터 11시를 사이를 말해요.

고사성어
숨은그림찾기
II

일상생활에서 흔히 쓰이는 고사성어를 만화로 만나요!
만화마다 1개씩 쏙쏙 숨어 있는 그림도 찾아보세요.

정답은 184쪽~185쪽에 있어요.

숨은그림찾기

재치 넘치는 만화 속 숨은 그림을 찾아보세요.

82 **괄목상대**
(刮비빌 괄, 目눈 목, 相서로 상, 對대할 대)
학식이나 재주가 놀랄 만큼 늘다.

83 **문방사우**
(文글월 문, 房방 방, 四넉 사, 友벗 우)
선비가 쓰는 종이, 붓, 먹, 벼루

84 **형설지공**
(螢반딧불이 형, 雪눈 설, 之갈 지, 功공 공)
힘든 상황에서도 꾸준히 공부한다.

숨은그림

 달걀말이  볼펜  삼각자 소시지 지우개  총각무

86 노발대발
(怒성낼 노, 發필 발, 大큰 대, 發필 발)
몹시 화가 나 펄펄 뛰며 성낸다.

85 견물생심
(見볼 견, 物물건 물, 生날 생, 心마음 심)
물건을 보면 갖고 싶은 욕심이 생긴다.

87 안빈낙도
(安편안할 안, 貧가난할 빈, 樂즐길 락, 道길 도)
가난해도 편한 마음으로 도를 지킨다.

숨은그림찾기

재치 넘치는 만화 속 숨은 그림을 찾아보세요.

숨은 그림

 고구마　 개 목걸이　 달　 당근　 별　 아령

91 노심초사
(勞수고로울 노, 心마음 심, 焦그을릴 초, 思생각 사)
마음이 쓰이고 애가 탄다.

92 수구초심
(首머리 수, 丘언덕 구, 初처음 초, 心마음 심)
고향을 그리워하는 마음

93 천하태평
(天하늘 천, 下아래 하, 泰클 태, 平평평할 평)
걱정 없이 마음 편하게 있다.

숨은그림찾기

재치 넘치는 만화 속 숨은 그림을 찾아보세요.

숨은그림

권총, 마이크, 목걸이, 베개, 야구공, 엽전

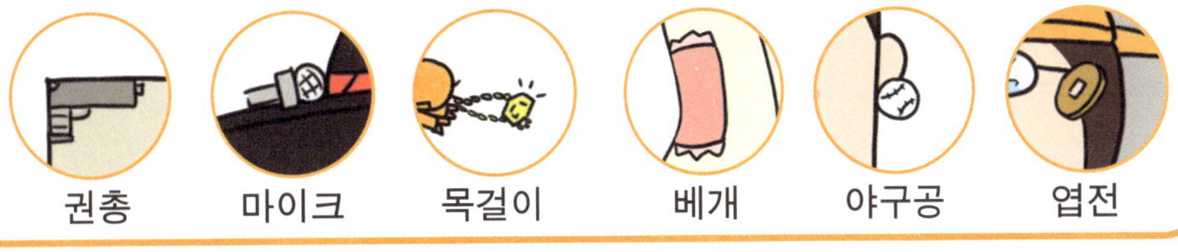

97

"아무래도 내가 1등 할 거 같아!"

"칭찬 한 번에 엄청 **기고만장**하네."

기고만장
(氣기운 기, 高높을 고, 萬일만 만, 丈어른 장)
다른 사람 앞에서 우쭐대며 뽐내는 모습

98

"6·25 전쟁은 **동족상잔**의 비극이었어요."

동족상잔
(同한가지 동, 族겨레 족, 相서로 상, 殘잔인할 잔)
같은 겨레끼리 서로 싸우고 해친다.

99

"한 번만 눈감아 주세요."

"죄를 지었으면 벌을 받아야 하는 법!"

"우리 사또는 **청렴결백**해."

청렴결백
(淸맑을 청, 廉청렴할 렴, 潔깨끗할 결, 白흰 백)
마음이 깨끗하고 욕심이 없다.

숨은그림찾기

재치 넘치는 만화 속 숨은 그림을 찾아보세요.

100 갑론을박
(甲갑옷 갑, 論논의할 논, 乙새 을, 駁논박할 박)
서로 주장을 내세우며 상대에 반박한다.

101 동병상련
(同한가지 동, 病병들 병, 相서로 상, 憐불쌍히 여길 련)
같은 처지의 사람끼리 서로 이해한다.

102 이실직고
(以써 이, 實열매 실, 直곧을 직, 告고할 고)
있는 사실을 그대로 말한다.

숨은그림찾기

재치 넘치는 만화 속 숨은 그림을 찾아보세요.

106 기사회생
(起일어날 기, 死죽을 사, 回돌아올 회, 生날 생)
거의 죽을 뻔했다가 다시 살아난다.

107 명실상부
(名이름 명, 實열매 실, 相서로 상, 符부호 부)
알려진 것과 실상이 서로 들어맞는다.

108 표리부동
(表겉 표, 裏속 리, 不아닐 부, 同한가지 동)
행동과 속마음이 같지 않다.

숨은 그림

꽈배기 · 병따개 · 불가사리 · 올챙이 · 우산 · 화살표

109 간담상조
(肝간 간, 膽쓸개 담, 相서로 상, 照비출 조)
서로 간, 쓸개를 보여 주듯 마음을 터놓고 사귄다.

110 명경지수
(明밝을 명, 鏡거울 경, 止그칠 지, 水물 수)
차분하게 안정된 마음

말풍선: 밝은 거울과 잔잔한 물처럼 명경지수 같은 마음으로 시험 보자.

111 현모양처
(賢어질 현, 母어머니 모, 良어질 양, 妻아내 처)
어진 어머니이자 착한 아내

말풍선: 이 방 정리 네가 할 거지?
오늘도 수고 많았어요.
역시 당신은 현모양처예요.

숨은그림찾기

재치 넘치는 만화 속 숨은 그림을 찾아보세요.

숨은 그림
가위 · 바위 · 보 · 보석 · 십자가 · 진주 목걸이

115 고장난명
(孤외로울 고, 掌손바닥 장, 難어려울 난, 鳴울 명)
무슨 일이든 혼자서 하기는 어렵다.

한 손바닥만으론 박수 치기가 어려워.

116 풍전등화
(風바람 풍, 前앞 전, 燈등잔 등, 火불 화)
바람 앞 등잔불처럼 아주 위험한 상황

풍전등화의 위기였어.

117 시비지심
(是옳을 시, 非아닐 비, 之갈 지, 心마음 심)
옳고 그름을 구분할 수 있는 마음

다친 사람을 돕지 않는 건 옳지 않아.

너한테는 시비지심이 있구나.

숨은그림찾기

재치 넘치는 만화 속 숨은 그림을 찾아보세요.

118 백척간두
(百일백 백, 尺자 척, 竿낚싯대 간, 頭머리 두)
긴 장대 위에 서 있듯 몹시 위태로운 지경

119 안하무인
(眼눈 안, 下아래 하, 無없을 무, 人사람 인)
제 눈 아래 사람이 없다는 듯 교만하여 다른 사람을 업신여긴다.

120 천의무봉
(天하늘 천, 衣옷 의, 無없을 무, 縫꿰맬 봉)
꾸민 데가 없이 자연스럽고 흠 없다.

숨은 그림

 국자　 금메달　 나뭇잎　 돋보기　 볼펜　성냥개비

121 교각살우
(矯바로잡을 교, 角뿔 각, 殺죽일 살, 牛소 우)
잘못을 고치려다 오히려 일을 그르친다.

122 일촉즉발
(一하나 일, 觸닿을 촉, 卽곧 즉, 發필 발)
한 번만 건드려도 폭발할 듯 위급한 상황

123 천만다행
(千일천 천, 萬일만 만, 多많을 다, 幸다행 행)
너무나 다행스럽다.

숨은그림찾기

재치 넘치는 만화 속 숨은 그림을 찾아보세요.

숨은그림

 단추  멸치  모자  버섯  생강  장갑

127 계란유골
(鷄닭 계, 卵알 란, 有있을 유, 骨뼈 골)
좋은 기회를 만났지만 결과가 좋지 않다.

128 동족방뇨
(凍얼 동, 足발 족, 放놓을 방, 尿오줌 뇨)
일시적인 효력은 오래가지 않는다.

129 오비이락
(烏까마귀 오, 飛날 비, 梨배나무 이, 落떨어질 락)
상관 없는 일이 동시에 벌어져 오해받는다.

숨은그림찾기

재치 넘치는 만화 속 숨은 그림을 찾아보세요.

130 **결초보은**
(結맺을 결, 草풀 초, 報갚을 보, 恩은혜 은)
무슨 일이 있어도 은혜를 꼭 갚는다.

131 **이란투석**
(以써 이, 卵알 란, 投던질 투, 石돌 석)
약한 것으로 강한 것에 맞서려는 어리석음

132 **지부작족**
(知알 지, 斧도끼 부, 斫벨 작, 足발 족)
믿었던 사람에게 배신당한다.

숨은 그림

 도끼  드라이버  방패  못  펜치  화살촉

133 관포지교
(管피리 관, 鮑절인 어물 포, 之갈 지, 交사귈 교)
우정이 아주 돈독한 친구 사이

134 동분서주
(東동녘 동, 奔달릴 분, 西서녘 서, 走달릴 주)
바쁘게 여기저기 다니는 모습

135 환골탈태
(換바꿀 환, 骨뼈 골, 奪빼앗을 탈, 胎아이 밸 태)
사람이 좋은 방향으로 완전히 달라진다.

숨은그림찾기

재치 넘치는 만화 속 숨은 그림을 찾아보세요.

숨은 그림

귀 · 마스크 · 오리 · 입술 · 접이의자 · 코

139. 고침안면
(高높을 고, 枕베개 침, 安편안할 안, 眠잠잘 면)
베개를 높이 베고 걱정 없이 편히 지낸다.

140. 절차탁마
(切끊을 절, 磋갈 차, 琢다듬을 탁, 磨갈 마)
열심히 실력과 인격을 갈고닦는다.

141. 다사다난
(多많을 다, 事일 사, 多많을 다, 難어려울 난)
여러 가지 어려운 일이 많다.

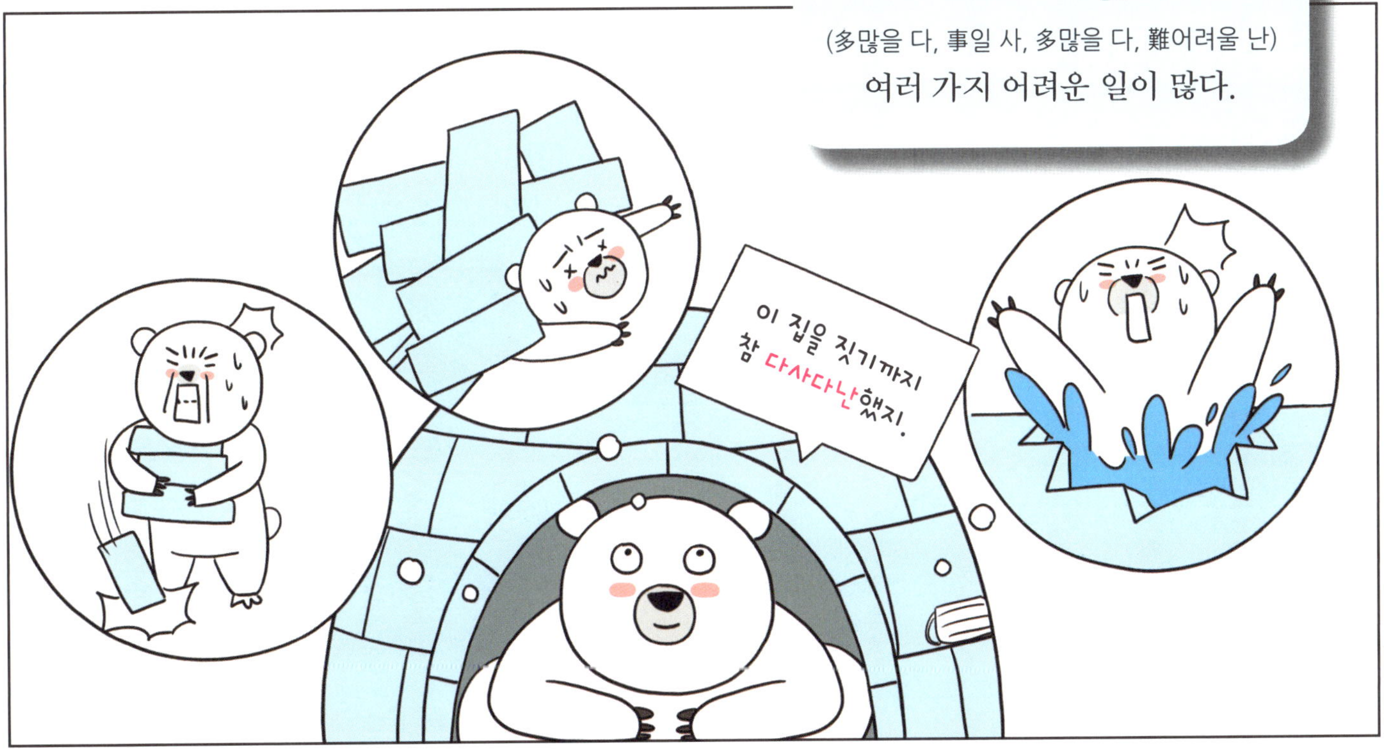

이 집을 짓기까지 참 **다사다난**했지.

그림에 맞는 고사성어를 찾아 줄로 이어 보세요.

줄 잇기

①

143

십벌지목

(十열 십, 伐칠 벌, 之갈 지, 木나무 목)

'열 번 찍어 안 넘어가는 나무가 없다'는 말. 여러 번 계속하면 일이 이루어진다는 뜻이에요.

②

144

난형난제

(難어려울 난, 兄형 형, 難어려울 난, 弟아우 제)

둘 중 어느 쪽이 더 낫다고 하기 어렵다는 뜻이에요.

③

145

임전무퇴

(臨임할 임, 戰싸울 전, 無없을 무, 退물러날 퇴)

싸움에 나가서 물러서지 않는다는 뜻이에요.

① .145 ③ .144 ② .143

고사성어 파워업! 故事成語

사람

| 146 | **구상유취** (口입 구, 尙오히려 상, 乳젖 유, 臭냄새 취) | '입에서 아직 젖내가 난다'는 말. 아이처럼 말과 행동이 유치하다는 뜻이에요. 예) 구상유취의 아이라고 무시하면 안 돼요. |

| 147 | **남남북녀** (南남녘 남, 男남자 남, 北북녘 북, 女여자 녀) | 우리나라에서는 남쪽 남자와 북쪽 여자가 잘생겼다고 전해 오는 말이에요. 예) 어떤 사진을 보면 남남북녀라는 말이 사실이란 생각이 들어. |

| 148 | **단순호치** (丹붉을 단, 脣입술 순, 皓흴 호, 齒이 치) | 붉은 입술과 흰 치아의 아름다운 여자를 뜻해요. |

| 149 | **독불장군** (獨홀로 독, 不아닐 불, 將장수 장, 軍군사 군) | 혼자서 자기 마음대로 하는 사람을 뜻해요. 예) 내 동생이 장난감 사 달라고 떼쓸 때는 독불장군 같아요. |

| 150 | **명문세족** (名이름 명, 門문 문, 世세대 세, 族겨레 족) | 세상에 널리 알려진 세력 강한 가문을 뜻해요. |

| 151 | **백면서생** (白흰 백, 面낯 면, 書글 서, 生날 생) | '얼굴이 하얀 선비'라는 말. 세상일을 모른 채 책만 읽는 사람을 뜻해요. 예) 백면서생은 그만두고 밖으로 나가 경험을 좀 더 쌓아라. |

| 152 | **백인백색** (白일백 백, 人사람 인, 百일백 백, 色빛 색) | 사람들이 저마다 다 다르다는 뜻이에요. 예) 놀이공원에 가면 백인백색의 사람들을 다 만날 수 있어. |

| 153 | **선남선녀** (善착할 선, 男남자 남, 善착할 선, 女여자 녀) | 세상 속 착하고 평범한 남자들과 여자들을 뜻해요. |

| 154 | **설중송백** (雪눈 설, 中가운데 중, 松소나무 송, 柏측백 백) | '눈 속에 서 있는 소나무와 잣나무'라는 말. 신념을 굽히지 않는 꿋꿋한 사람을 뜻해요. |

155	섬섬옥수 (纖가늘 섬, 纖가늘 섬, 玉구슬 옥, 手손 수)	가느다랗고 고운 손을 뜻해요. 예) 섬섬옥수로 꽃꽂이를 하니 꽃이 더 예뻐 보이는군.
156	억조창생 (億억 억, 兆조 조, 蒼푸를 창, 生날 생)	수많은 백성을 뜻해요.
157	월하노인 (月달 월, 下아래 하, 老늙을 노, 人사람 인)	중국 전설 속에 나오는 노인으로, 부부의 인연을 맺어 주는 중매인을 뜻해요.
158	장삼이사 (張베풀 장, 三석 삼, 李성씨 이, 四넉 사)	'장씨네 셋째 아들, 이씨네 넷째 아들'이란 말. 특별하지 않은 평범한 사람들을 뜻해요. 예) 높은 곳에서 내려다보니 사람들이 장삼이사 평범해 보여.
159	절세가인 (絕끊을 절, 世세대 세, 佳아름다울 가, 人사람 인)	세상에 견줄 사람이 없을 정도의 미인을 뜻해요.
160	조실부모 (早일찍 조, 失잃을 실, 父아버지 부, 母어머니 모)	어릴 때 부모를 여의었다는 뜻이에요. 예) 조실부모한 나를 할머니가 맡아서 키워 주셨어.
161	팔방미인 (八여덟 팔, 方모 방, 美아름다울 미, 人사람 인)	여러 방면에 재주가 있는 사람을 뜻해요.
162	필부필부 (匹짝 필, 夫남편 부, 匹짝 필, 婦아내 부)	평범한 남자와 여자를 뜻해요.

감정

163	간난신고 (艱어려울 간, 難어려울 난, 辛매울 신, 苦쓸 고)	몹시 힘들고 어려우며 고생스럽다는 뜻이에요. 예) 그는 간난신고의 세월을 겪었지만 결국 성공했어.
164	격세지감 (隔사이 뜰 격, 世세대 세, 之갈 지, 感느낄 감)	세상이 아주 많이 바뀐 것 같은 느낌을 뜻해요. 예) 할아버지가 최첨단 스마트폰을 보고 격세지감이 든다고 하셨어.

165	**노기충천** (怒성낼 노, 氣기운 기, 衝찌를 충, 天하늘 천)	화가 머리끝까지 나 있다는 뜻이에요.
166	**만시지탄** (晚늦을 만, 時때 시, 之갈 지, 嘆탄식할 탄)	시기에 늦어 기회를 놓친 데 대한 아쉬움을 뜻해요. 예) 어렸을 때 열심히 공부를 못 한 게 후회되지만, 만시지탄은 해 봤자 소용없고 지금이라도 열심히 하자.
167	**망국지한** (亡망할 망, 國나라 국, 之갈 지, 恨한할 한)	나라가 망해 사무친 한을 뜻해요. 예) 나라를 빼앗겨 망국지한을 느낀 여러 애국지사들이 목숨을 버렸어.
168	**무사태평** (無없을 무, 事일 사, 太클 태, 平평평할 평)	아무 탈 없이 편안하다는 뜻이에요. 또는 무슨 일이든 편하게 생각해서 근심 걱정을 하지 않는다는 뜻이에요. 예) 전쟁이 끝나자 무사태평한 나날이 계속되었다.
169	**분기충천** (憤분할 분, 氣기운 기, 衝찌를 충, 天하늘 천)	분한 마음이 하늘을 찌를 듯하다는 뜻이에요.
170	**비분강개** (悲슬플 비, 憤분할 분, 慷슬플 강, 慨슬퍼할 개)	의롭지 않은 일 때문에 슬프고 분한 마음이 강하게 일어난다는 뜻이에요. 예) 일제의 만행에 비분강개한 김구는 중국으로 가서 독립 운동을 시작했다.
171	**비육지탄** (髀넓적다리 비, 肉고기 육, 之갈 지, 嘆탄식 탄)	'넓적다리에 살이 찌는 걸 탄식한다'는 말. 때를 못 만나 뜻을 펴지 못함을 한탄한다는 뜻이에요.
172	**사양지심** (辭말씀 사, 讓사양할 양, 之갈 지, 心마음 심)	남에게 사양하고 양보하는 마음이란 뜻이에요.
173	**식자우환** (識알 식, 字글자 자, 憂근심 우, 患근심 환)	지식 때문에 오히려 근심거리가 생긴다는 뜻이에요. 예) 식자우환이라고, 시계를 고치겠다고 나서더니 오히려 시계를 못쓰게 만들어 놓았어.
174	**아연실색** (啞벙어리 아, 然그럴 연, 失잃을 실, 色빛 색)	뜻밖의 일에 놀라 얼굴색이 변한다는 뜻이에요. 예) 나는 학교에 도착해서야 가방을 안 들고 온 걸 깨닫고 아연실색했다.
175	**절치부심** (切끊을 절, 齒이 치, 腐썩을 부, 心마음 심)	몹시 분해 이를 갈며 속을 썩인다는 뜻이에요. 예) 그 소년은 절치부심하며 힘을 길러서 아버지의 원수를 갚았다.
176	**철천지원** (徹통할 철, 天하늘 천, 之갈 지, 冤원통할 원)	하늘까지 사무치는 큰 원한을 뜻해요.

| 177 | **청빈낙도**
(淸맑을 청, 貧가난할 빈, 樂즐길 락, 道길 도) | 바르게 행동하고 욕심 없이 가난하게 사는 것을 즐거워한다는 뜻이에요. |

178	**목불식정** (目눈 목, 不아닐 불, 識알 식, 丁고무래 정)	농부가 농기구인 고무래와 똑같이 생긴 글자(丁고무래 정)를 보고도 뜻을 모르듯, 글자를 전혀 읽지 못한다는 뜻이에요. 예) 우리 적어도 목불식정은 안 되게끔 공부하자.
179	**일문부지** (一하나 일, 文글월 문, 不아닐 부, 知알 지)	한 글자도 모른다는 뜻이에요. 예) 아무리 일문부지여도 사람의 도리는 할 줄 알아야 해.
180	**일자천금** (一하나 일, 字글자 자, 千일천 천, 金쇠 금)	'글자 하나가 천금의 가치가 있다'는 말. 지극히 훌륭한 글과 문장을 뜻해요.
181	**일점일획** (一하나 일, 點점 점, 一하나 일, 畫그을 획)	'글자의 한 점 한 획'이라는 말. 글이나 말의 아주 작은 부분을 뜻해요. 예) 이 글에서 일점일획이라도 고치면 안 돼.

고사성어 빈칸 완성하기

말풍선 속에 고사성어가 숨어 있다고요?
장면 속 그림을 잘 살펴보면 알 수 있어요.
빈칸에 어떤 고사성어가 들어갈지
보기에서 골라 써 보세요.

하늘을 나는 양탄자

이렇게 높은 건물 사이를 건너면 □□□□할 사건이 되겠지?

186
□□□□
(驚놀랄 경, 天하늘 천, 動움직일 동, 地땅 지)
'하늘을 놀라게 하고 땅을 움직인다'는 말. 그 정도로 세상을 깜짝 놀라게 한다는 뜻이에요.

저렇게 높은 데를 어떻게 건너지? 완전 □□□□야.

187
□□□□
(累묶을 누, 卵알 란, 之갈 지, 勢기세 세)
쌓아 올린 계란처럼 몹시 위태로운 상태를 뜻해요.

보기 경천동지, 누란지세, 엄동설한, 좌견천리

188
☐☐☐☐
(坐앉을 좌, 見볼 견, 千일천 천, 里마을 리)
'앉아서 천 리를 본다'는 말. 보지 않고도 알거나 앞일을 내다본다는 뜻이에요.

아무리 내가 ☐☐☐☐여도 앞으로 우리한테 무슨 일이 벌어질지 모르겠어.

해마다 ☐☐☐☐에 다들 고생하네.

189
☐☐☐☐
(嚴엄할 엄, 冬겨울 동, 雪눈 설, 寒찰 한)
눈 내리는 겨울의 심한 추위를 뜻해요.

186. 경천동지 187. 누란지세 188. 좌견천리 189. 엄동설한

피라미드와 스핑크스

이집트 유적 중 □□은 바로 이 피라미드야!

198

□□

(壓누를 압, 卷책 권)

옛날 과거 시험장에서 가장 뛰어난 글이 담긴 답안지를 맨 위에 올린 데에서 생긴 말로, 여럿 중에 가장 뛰어난 것을 뜻해요.

맛있게 싼 도시락을 깜빡 잊고 안 가져왔네. 완전 □□야.

199

□□

(狼이리 낭, 狽이리 패)

계획이 실패해 딱한 처지가 된다는 뜻이에요. 옛날 상상 속 동물인 낭과 패는 둘이 의지해 걸었는데 잠깐 떨어지면 제대로 걷지 못했지요. 이 이야기에서 나온 말이에요.

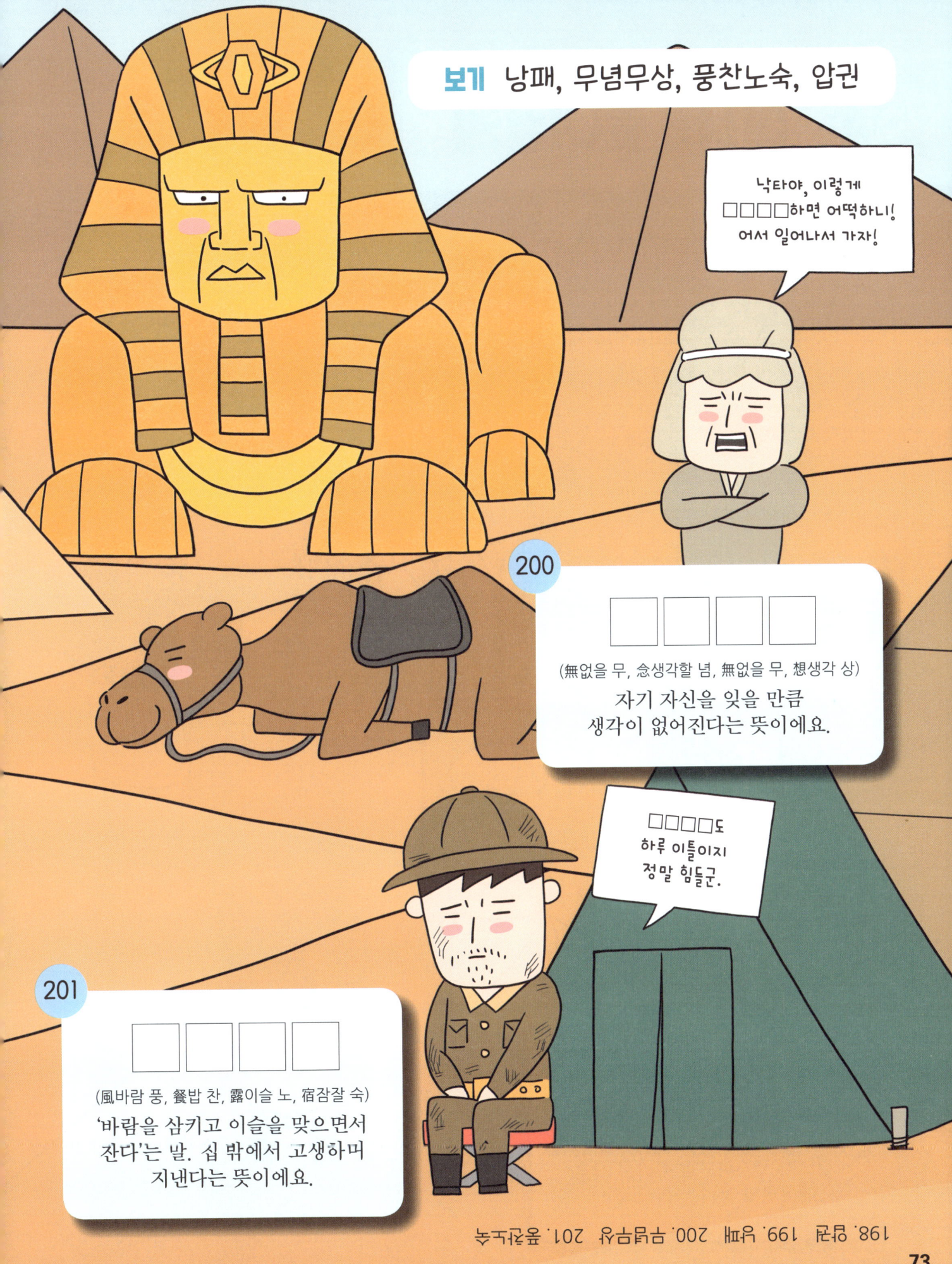

불이 났어요!

우리는 불한테 □□□□야. 이번 불도 확실히 끄자!

206
□□□□
(百일백 백, 戰싸울 전, 不아닐 불, 敗패할 패)
'백 번 싸워서 지는 적이 한 번도 없다'는 말. 싸울 때마다 이긴다는 뜻이에요.

□□□□로 화재 예방과 진압을 위해 애쓰는 소방관들은 정말 훌륭해!

207
□□□□
(不아닐 불, 撤거둘 철, 晝낮 주, 夜밤 야)
밤낮 없이 쉬지 않고 일에 힘쓴다는 뜻이에요.

보기 대서특필, 대의명분, 전대미문, 칠전팔기

□□□□의 신기록이 나왔습니다!

아마 이 선수의 기록이 내일 신문에 □□□□ 될 것 같습니다!

216
□□□□
(前앞 전, 代대신할 대, 未아닐 미, 聞들을 문)
전에 들어 본 적 없는 놀랍고 새로운 일을 뜻해요.

217
□□□□
(大큰 대, 書글 서, 特특별할 특, 筆붓 필)
'특별히 큰 글씨로 쓴다'는 말. 신문 등에서 중요한 기사로 싣는다는 뜻이에요.

OOO선수 세계 신기록 수립!

214. 대의명분 215. 칠전팔기 216. 전대미문 217. 대서특필

말 타고 구경하기

□□□□ 덕분에 오늘 저녁에 배부르겠네.

하하, □□□□로군. 둘이 싸우니까 나는 좋네.

218

(犬개 견, 兎토끼 토, 之갈 지, 爭다툴 쟁)
개와 토끼가 서로 다투다가 죽자, 그걸 주운 농부가 이득을 보았지요. 이처럼 싸움과 관계없는 사람이 이익을 본다는 뜻이에요.

219

(漁고기 잡을 어, 夫남편 부, 之갈 지, 利이로울 리)
입을 꽉 다문 조개에 부리가 낀 새는 오도 가도 못했어요. 그 사이 어부가 그 둘 모두를 잡았지요. 이처럼 남들이 싸우는 사이에 쉽게 이익을 본다는 뜻이에요.

줄 잇기

그림에 맞는 고사성어를 찾아 줄로 이어 보세요.

①

223

지피지기
(知알 지, 彼저 피, 知알 지, 己몸 기)
적의 상황과 자신의 상황을 잘 안다는 뜻이에요.

②

224

수수방관
(袖소매 수, 手손 수, 傍곁 방, 觀볼 관)
'팔짱을 끼고 보고만 있다는 말'. 어떤 일을 그대로 두고 보기만 한다는 뜻이에요.

③

225

양자택일
(兩두 양, 者놈 자, 擇가릴 택, 一하나 일)
둘 중 하나를 선택한다는 뜻이에요.

223. ③ 224. ① 225. ②

고사성어 파워업! 故事成語

싸움

226	**건곤일척** (乾하늘 건, 坤땅 곤, 一하나 일, 擲던질 척)	'하늘이냐 땅이냐를 주사위를 던져 승패를 건다'는 말. 운명을 건 단 한 번의 승부를 뜻해요. 예) 두 선수는 물러설 수 없는 건곤일척의 승부를 펼쳤어.
227	**골육상잔** (骨뼈 골, 肉고기 육, 相서로 상, 殘잔인할 잔)	아버지와 아들, 형제 사이 혹은 같은 민족 등 가까운 혈족끼리 서로 해치고 죽인다는 뜻이에요. 예) 6·25 전쟁은 다시 일어나서는 안 되는 골육상잔의 비극이었어.
228	**난공불락** (難어려울 난, 攻칠 공, 不아닐 불, 落떨어질 락)	공격하기 어려워 쉽게 무너지지 않는다는 뜻이에요. 예) 수학이 나에겐 꼭 난공불락의 성 같아.
229	**중과부적** (衆무리 중, 寡적을 과, 不아닐 부, 敵대적할 적)	적은 사람으로는 많은 사람을 못 이긴다는 뜻이에요. 예) 국군은 중과부적으로 내려오는 중공군 때문에 밀려날 수밖에 없었단다.
230	**진퇴유곡** (進나아갈 진, 退물러날 퇴, 維버리 유, 谷골 곡)	'앞으로 나아가지도, 물러나지도 못하는 상황'이라는 말. 이러지도 저러지도 못할 궁지에 빠진다는 뜻이에요.
231	**파죽지세** (破깨뜨릴 파, 竹대나무 죽, 之갈 지, 勢기세 세)	대나무를 쪼개는 기세로 만나는 적을 거침없이 물리치며 쳐들어가는 모습을 뜻해요. 예) 한번 성이 뚫리자 적들은 파죽지세로 밀어닥쳤어요.

성격과 태도

232	**공명정대** (公공평할 공, 明밝을 명, 正바를 정, 大큰 대)	태도에 그릇됨 없이 정당하고 떳떳하다는 뜻이에요. 예) 학급 회장이 되면 공명정대하게 아이들을 대하겠습니다.

233	**교언영색** (巧공교할 교, 言말씀 언, 令명령할 영, 色빛 색)	말을 교묘하게 하고 얼굴빛을 꾸며 남에게 잘 보이려 알랑거리는 태도를 뜻해요. 예) 사기꾼은 교언영색으로 사람들을 유혹한다.
234	**무염지욕** (無없을 무, 厭싫어할 염, 之갈 지, 慾욕심 욕)	만족할 줄 모르는 끝없는 욕심을 뜻해요.
235	**복지부동** (伏엎드릴 복, 地땅 지, 不아닐 부, 動움직일 동)	'땅바닥에 엎드려 꼼짝하지 않는다'는 말. 예) 몸을 사리며 마땅히 해야 할 일을 하지 않는다는 뜻이에요.
236	**불요불굴** (不아닐 불, 撓어지러울 요, 不아닐 불, 屈굽힐 굴)	한번 먹은 마음은 결코 굽히거나 흔들리지 않는다는 말이에요.
237	**사시춘풍** (四넉 사, 時때 시, 春봄 춘, 風바람 풍)	누구에게나 늘 봄바람처럼 상냥하고 친절하다는 뜻이에요. 예) 선생님은 우리 모두에게 사시춘풍이야.
238	**선의후리** (先먼저 선, 義옳을 의, 後뒤 후, 利이로울 리)	먼저 옳은 것을 따르고 후에 이익을 생각한다는 뜻이에요. 예) 모두가 함께 행복하려면 선의후리의 자세를 가져야 해.
239	**성심성의** (誠정성 성, 心마음 심, 誠정성 성, 意뜻 의)	참되고 성실한 마음을 뜻해요. 예) 어려움에 빠진 사람을 보면 성심성의껏 도와주세요.
240	**은인자중** (隱숨을 은, 忍참을 인, 自스스로 자, 重무거울 중)	드러내지 않고 견디면서 신중히 행동한다는 뜻이에요.
241	**일이관지** (一하나 일, 以써 이, 貫꿸 관, 之갈 지)	생각과 태도가 처음부터 끝까지 한결같다는 뜻이에요. 예) 어떤 어려움이 와도 일이관지 너만을 사랑할 거야.
242	**후안무치** (厚두터울 후, 顔얼굴 안, 無없을 무, 恥부끄러울 치)	'얼굴이 두꺼워 부끄러운 줄 모른다'는 말. 그만큼 뻔뻔하다는 뜻이에요. 예) 쓰레기를 아무 데나 버리는 건 후안무치한 짓이야.
243	**흉악무도** (凶흉할 흉, 惡악할 악, 無없을 무, 道길 도)	성질이 사납고 악하며 도리를 안 지킨다는 뜻이에요. 예) 흉악무도한 살인자를 잡기 위해 최첨단 수사 기법을 활용했어.

세상

244	**금수강산** (錦비단 금, 繡수놓을 수, 江강 강, 山메 산)	'비단 위에 수놓은 듯 아름다운 산천'이란 말. 우리나라의 아름다운 자연을 가리키는 말이에요. 예) 아름다운 우리 금수강산을 지키자.
245	**대명천지** (大큰 대, 明밝을 명, 天하늘 천, 地땅 지)	아주 밝고 환한 세상을 말해요. 예) 대명천지에 이렇게 말도 안 되는 일이 생기다니!
246	**도원경** (桃복숭아 도, 源근원 원, 境지경 경)	사람이 생각할 수 있는 가장 완전한 사회를 뜻해요. 예) 도원경은 실제로는 없지만 우리가 사는 곳을 그렇게 만들기 위해 애써야 해.
247	**동서고금** (東동녘 동, 西서녘 서, 古옛 고, 今이제 금)	'동양과 서양, 옛날과 지금'이라는 말. 옛날부터 지금까지의 전 세계를 가리켜요. 예) 동서고금을 통틀어 이런 동물이 살았다는 기록은 없어.
248	**명산대천** (名이름 명, 山메 산, 大큰 대, 川내 천)	경치 좋고 이름난 산과 내를 뜻해요.
249	**무릉도원** (武굳셀 무, 陵언덕 릉, 桃복숭아 도, 源근원 원)	세상 밖 아주 살기 좋은 이상적인 곳을 뜻해요. 예) 더운 여름에 이렇게 시원한 방에서 차가운 음료수를 마시니까 여기가 무릉도원 같아.
250	**별유천지** (別다를 별, 有있을 유, 天하늘 천, 地땅 지)	경치나 분위기가 유별나게 좋은 곳을 뜻해요. 예) 우아, 꽃이 이렇게 많으니까 완전히 별유천지네!
251	**사방팔방** (四넉 사, 方모 방, 八여덟 팔, 方모 방)	여기저기 모든 방면이나 방향을 뜻해요. 예) 우리 집 강아지가 동네를 사방팔방 돌아다니고 있어.
252	**산명수려** (山메 산, 明밝을 명, 水물 수, 麗고울 려)	산과 물이 맑고 고운 자연이라는 뜻이에요.
253	**산천초목** (山메 산, 川내 천, 草풀 초, 木나무 목)	산과 냇물, 풀과 나무인 자연을 뜻해요. 예) 여름이라 산천초목이 다 파릇파릇해요.
254	**세상만사** (世세대 세, 上위 상, 萬일만 만, 事일 사)	세상에서 일어나는 여러 가지 일이라는 뜻이에요. 예) 세상만사 힘들어도 낮잠을 자고 나면 기분이 좋아져.

255	**전인미답** (前앞 전, 人사람 인, 未아닐 미, 踏밟을 답)	아직 아무도 가 보거나 해 보지 않았다는 뜻이에요. 예) 나는 전인미답의 분야를 연구하는 과학자가 될 거야.
256	**적막강산** (寂고요할 적, 寞고요할 막, 江강 강, 山메 산)	아주 조용하고 쓸쓸한 풍경을 뜻해요. 예) 이런 적막강산을 보니 마음까지 쓸쓸해지려 해.
257	**천상천하** (天하늘 천, 上위 상, 天하늘 천, 下아래 하)	하늘 위와 아래의 온 세상을 뜻해요. 예) 천상천하 통틀어 너에게 가장 소중한 건 뭐니?
258	**천인단애** (千일천 천, 仞길 인, 斷끊을 단, 崖벼랑 애)	천 길 높이의 깎아지른 벼랑을 뜻해요.
259	**천자만홍** (千일천 천, 紫자주빛 자, 萬일만 만, 紅붉을 홍)	알록달록 여러 가지 꽃의 빛깔을 뜻해요. 예) 봄이면 천자만홍 꽃 잔치가 열리지.
260	**천하만국** (天하늘 천, 下아래 하, 萬일만 만, 國나라 국)	세상에 있는 모든 나라를 뜻해요.
261	**춘하추동** (春봄 춘, 夏여름 하, 秋가을 추, 冬겨울 동)	봄, 여름, 가을, 겨울의 사계절을 뜻해요. 예) 소나무는 춘하추동 언제나 잎이 초록색이야.

고사성어
그림 쏙쏙
고르기

어떤 것이 고사성어를 설명하는 그림일까요?
고사성어 속 한자의 뜻, 재치 넘치는 그림들을 살펴보고
두 그림 중 맞는 그림을 쏙쏙 골라 보세요.

그림 쏙쏙 고르기

다음 고사성어에 맞는 그림을 고르세요.

262 각골난망 (刻 새길 각, 骨 뼈 골, 難 어려울 난, 忘 잊을 망)

① 은혜가 뼈에 새길 만큼 커서 잊기 힘들다는 뜻이에요.

② 아무도 도움을 주지 않아서 각자가 어렵게 산다는 뜻이에요.

263 산전수전 (山메 산, 戰싸울 전, 水물 수, 戰싸울 전)

① '산수를 잘하면 싸움에서 이긴다'는 말. 공부를 열심히 해야 한다는 뜻이에요.

② '산과 물에서 싸운다'는 말. 세상의 온갖 고생을 다 겪어 본다는 뜻이에요.

그림 쏙쏙 고르기

다음 고사성어에 맞는 그림을 고르세요.

264 타산지석 (他다를 타, 山메 산, 之갈 지, 石돌 석)

① '다른 산의 거친 돌도 내 옥을 다듬는 데 쓸 수 있다'는 말. 남의 잘못을 거울삼아 내 인격을 가다듬는다는 뜻이에요.

② '다른 산의 돌을 무작정 내 것이라 하면 안 된다'는 말. 서로 이해타산을 잘 맞추어야 한다는 뜻이에요.

265 이심전심 (以써 이, 心마음 심, 傳전할 전, 心마음 심)

① '이쪽 전기 제품을 저쪽 콘센트에 꽂는다'는 말.
한 콘센트에 여러 제품을 꽂으면 위험하다는 뜻이에요.

② '마음으로써 마음에 전하다'는 말.
두 사람이 서로 마음이 통한다는 뜻이에요.

264. ① 265. ②

그림 쏙쏙 고르기

다음 고사성어에 맞는 그림을 고르세요.

266 희로애락 (喜기쁠 희, 怒성낼 로, 哀슬플 애, 樂즐길 락)

① 기쁨과 노여움, 슬픔과 즐거움이라는 뜻이에요.

② 희희낙락 매일 즐겁게 지내는 사람을 뜻해요.

267 분골쇄신 (粉가루 분, 骨뼈 골, 碎부술 쇄, 身몸 신)

① 얼굴에 분을 바르고 몸을 씻어서 새로운 사람이 된다는 뜻이에요.

② 뼈가 가루 되고 몸이 부시지게 열심히 한다는 뜻이에요.

그림 쏙쏙 고르기
다음 고사성어에 맞는 그림을 고르세요.

268 상전벽해 (桑뽕나무 상, 田밭 전, 碧푸를 벽, 海바다 해)

① 벽 앞에 상을 놓고 제사 지내며 울듯, 일을 제대로 해야 한다는 뜻이에요.

② 뽕밭이 바다가 될 정도로 세상이 변했다는 뜻이에요.

269 와신상담 (臥누울 와, 薪땔나무 신, 嘗맛볼 상, 膽쓸개 담)

① 거친 땔나무 위에 눕고 쓰디쓴 쓸개를 핥듯이, 목표를 위해 온갖 어려움을 참고 견딘다는 뜻이에요.

② 힘든 일을 겪거나 선택하는 게 어려운 사람을 위해 거꾸로 서서 묘기를 부리며 상담한다는 뜻이에요.

그림 쏙쏙 고르기

다음 고사성어에 맞는 그림을 고르세요.

270 배은망덕 (背등 배, 恩은혜 은, 忘잊을 망, 德덕 덕)

① 배고픈 은어는 망개떡이라도 먹는다는 뜻이에요.

② 남에게 입은 은혜를 잊고 오히려 배신한다는 뜻이에요.

271 유구무언 (有있을 유, 口입 구, 無없을 무, 言말씀 언)

① '입은 있지만 말이 없다'는 말.
잘못이 분명해 변명조차 할 수 없다는 뜻이에요.

② '유난히 냄새가 구리면 무안하다'는 말.
신발을 벗으면 냄새가 심하니 조심하라는 뜻이에요.

그림 쏙쏙 고르기

다음 고사성어에 맞는 그림을 고르세요.

272 화룡점정 (畫그림 화, 龍용 룡, 點점 점, 睛눈동자 정)

① '용을 그리며 마지막에 눈동자를 찍어 완성한다'는 말.
가장 중요한 부분을 마쳐 일을 완성한다는 뜻이에요.

② '확 하고 불이 붙으면 소화기로 끈다'는 말.
어떤 문제를 해결하려면 그에 맞는 물건이 필요하다는 뜻이에요.

273 충언역이 (忠충성 충, 言말씀 언, 逆거스를 역, 耳귀 이)

① 귀가 가려울 때는 삽을 쓰면 안 되고 귀이개를 쓰면 된다는 뜻이에요.

② 충직하고 바른 말은 귀에 거슬린다는 뜻이에요.

그림 쏙쏙 고르기

다음 고사성어에 맞는 그림을 고르세요.

274 무용지물 (無없을 무, 用쓸 용, 之갈 지, 物물건 물)

① 무용을 할 때 필요한 물건들을 말해요.

② 쓸모없는 물건이나 사람을 뜻해요.

275 화사첨족 (畫그림 화, 蛇뱀 사, 添더할 첨, 足발 족)

① 뱀 그림에 발을 그려 그림을 망치듯,
필요 없는 걸 덧붙여 오히려 일을 망친다는 뜻이에요.

② 뱀도 신발을 착용하면 더 빨리 가듯,
당장 필요 없어 보이는 물건이라도 잘 생각해 보면 쓸모가 있다는 뜻이에요.

그림 쏙쏙 고르기

다음 고사성어에 맞는 그림을 고르세요.

276 사필귀정 (事일 사, 必반드시 필, 歸돌아갈 귀, 正바를 정)

① 글씨를 바르게 써야 연애가 성공한다는 뜻이에요.

② 일은 반드시 바르게 돌아가게 돼 있다는 뜻이에요.

277

삼고초려 (三석 삼, 顧돌아볼 고, 草풀 초, 廬농막 려)

① '능력 있는 신하를 데려오려고 그의 집에 세 번 찾아갔다'는 말.
인재를 얻기 위해 끈기 있게 노력한다는 뜻이에요.

② '세 번 고초를 겪어야 집에 도착할 수 있다'는 말.
고난이 닥쳐도 참고 노력하면 반드시 성공한다는 뜻이에요.

그림 쏙쏙 고르기

다음 고사성어에 맞는 그림을 고르세요.

278 소탐대실 (小작을 소, 貪탐낼 탐, 大큰 대, 失잃을 실)

① 자기 전에 물을 많이 마시면 큰 실수를 한다는 뜻이에요.

② 작은 것을 탐내다가 큰 것을 잃는다는 뜻이에요.

279 순망치한 (脣입술 순, 亡망할 망, 齒이 치, 寒찰 한)

① '입술이 없으면 이가 시리다'는 말.
한쪽이 망하면 다른 쪽도 끝장나는 관계를 뜻해요.

② '순찰을 돌다 치한을 붙잡는다'는 말.
할 일을 열심히 하다 보면 언젠가 좋은 기회를 잡는다는 뜻이에요.

그림 쏙쏙 고르기
다음 고사성어에 맞는 그림을 고르세요.

280 작심삼일 (作지을 작, 心마음 심, 三석 삼, 日날 일)

① '작품을 하나 만드는 데 삼 일간 준비한다'는 말. 어떤 일을 하든 정성을 들여야 한다는 뜻이에요.

② 결심이 삼 일을 못 갈 정도로 굳지 않다는 뜻이에요.

281 호가호위 (狐여우 호, 假거짓 가, 虎범 호, 威위엄 위)

① 여우가 호랑이의 위세를 빌려 자신만만하듯,
남의 힘이 자기 힘인 양 위세를 부린다는 뜻이에요.

② 여우가 호랑이 가면을 쓰면 무서워 보이듯,
힘을 얻으려면 외모를 잘 꾸며야 한다는 뜻이에요.

280. ② 281. ①

쉬어 가기

범인의 발자국을 따라서 찾은 고사성어를 아래 빈칸에 쓰세요.

282. 십중팔구

열 중 여덟이나 아홉 정도로 어떤 것이 틀림없다는 뜻이에요.

그림에 맞는 고사성어를 찾아 줄로 이어 보세요.

줄 잇기

①

②

③

283 천군만마
(千일천 천, 軍군사 군, 萬일만 만, 馬말 마)
'천 명의 군사와 만 마리의 말'로, 많은 수의 군사와 말을 뜻해요.

284 백년대계
(百일백 백, 年해 년, 大큰 대, 計꾀할 계)
먼 미래를 내다보고 세우는 큰 계획을 뜻해요.

285 유유자적
(悠멀 유, 悠멀 유, 自스스로 자, 適맞을 적)
복잡한 세상을 떠나 아주 자유롭고 조용하게 편안히 산다는 뜻이에요.

283. ① 284. ③ 285. ②

고사성어 파워업! 故事成語

행동

| 286 | **금의야행** (錦비단 금, 衣옷 의, 夜밤 야, 行다닐 행) | 밤에 비단옷을 입듯 소용없는 일을 한다는 뜻이에요. 예) 엄마가 없을 때 방 청소를 하는 건 금의야행이야. |

287 멸사봉공 (滅꺼질 멸, 私사사로울 사, 奉받들 봉, 公공평 공)
사적 욕심을 버리고 공익을 위해 애쓴다는 뜻이에요.
예) 임진왜란 때 우리 선조들은 멸사봉공의 정신으로 왜군에 맞서 싸웠어.

288 무위도식 (無없을 무, 爲할 위, 徒무리 도, 食먹을 식)
아무것도 안 하고 놀고먹기만 한다는 뜻이에요.
예) 네가 무위도식하면 다른 누군가가 몹시 힘들어져.

289 상명하복 (上위 상, 命목숨 명, 下아래 하, 服옷 복)
윗사람이 명령하면 아랫사람이 복종한다는 뜻이에요.
예) 상명하복의 원칙을 꼭 지키려 하는 집단이 있어.

290 소이부답 (笑웃음 소, 而말이을 이, 不아닐 부, 答대답 답)
웃기만 하고 대답을 하지 않는다는 뜻이에요.
예) 민수에게 뭐 하느라 이제야 왔냐고 물으니 소이부답이었다.

291 암중모색 (暗어두울 암, 中가운데 중, 摸본뜰 모, 索찾을 색)
어두운 가운데 어림짐작으로 뭔가를 찾는다는 뜻이에요. 예) 한 형사가 범인을 잡기 위해 암중모색 중이야.

292 우문현답 (愚어리석을 우, 問물을 문, 賢어질 현, 答대답 답)
어리석은 질문에 현명하게 대답한다는 뜻이에요.

293 전전반측 (輾돌아누울 전, 轉구를 전, 反돌이킬 반, 側곁 측)
몸을 뒤척이며 잠을 이루지 못한다는 뜻이에요.
예) 밤새 걱정으로 전전반측했다.

294 조개모변 (朝아침 조, 改고칠 개, 暮저물 모, 變변할 변)
'아침에 고친 걸 저녁에 또 고친다'는 말.
아침저녁으로 계획이나 생각을 바꾼다는 뜻이에요.
예) 조개모변으로 나라를 다스리면 안 돼.

295	**조령모개** (朝아침 조, 令명령할 령, 暮저물 모, 改고칠 개)	'아침에 내린 명령을 저녁에 또다시 바꾼다'는 말. 아침저녁으로 법령을 자주 바꾼다는 뜻이에요.
296	**천방지축** (天하늘 천, 方모 방, 地땅 지, 軸굴대 축)	하늘의 방향과 땅의 축이 어디인지 모르는 것처럼, 성급히 허둥대거나 덤벙대는 모습을 뜻해요. 예) 천방지축 멋모르고 뛰어놀다가 다치기 쉽다.
297	**해후상봉** (邂만날 해, 逅만날 후, 相서로 상, 逢만날 봉)	오래 못 보다가 우연히 다시 만난다는 뜻이에요. 예) 헤어졌던 친구와 해후상봉을 했다.
298	**횡설수설** (橫가로 횡, 說말씀 설, 竪세울 수, 說말씀 설)	말을 조리 없이 이러쿵저러쿵 지껄인다는 뜻이에요. 예) 횡설수설하지 말고 알아듣기 쉽게 말해 줘.
299	**적자생존** (適맞을 적, 者놈 자, 生날 생, 存있을 존)	환경에 맞는 것만이 살아남고 그렇지 못한 것은 차차 멸망한다는 뜻이에요.

생각

300	**사대사상** (事일 사, 大큰 대, 思생각 사, 想생각 상)	자기 생각 없이 강한 존재를 섬기는 사상을 뜻해요. 예) 조선 시대 대부분의 양반들은 명나라를 섬기는 사대사상이 너무 강했다.
301	**안거위사** (安편안 안, 居살 거, 危위태할 위, 思생각 사)	편한 때에 위험이 닥칠 때를 준비해야 한다는 뜻이에요. 예) 안거위사라고 기후 위기가 닥치기 전에 대책을 세워야 해.
302	**안불망위** (安편안 안, 不아닐 불, 忘잊을 망, 危위태할 위)	'편안한 중에도 위태로울 때를 잊지 않는다'는 말. 편안할 때도 마음을 놓지 않고 조심한다는 뜻이에요.
303	**자기반성** (自스스로 자, 己몸 기, 反돌이킬 반, 省살필 성)	자기 말과 행동에 잘못이 없는지 살핀다는 뜻이에요. 예) 나는 일기를 쓸 때 자기반성을 해.

은혜

304 결사보국
(決결단할 결, 死죽을 사, 報갚을 보, 國나라 국)
죽을 각오로 싸워 나라에 은혜를 갚는다는 뜻이에요.

305 망극지은
(罔그물 망, 極극진할 극, 之갈 지, 恩은혜 은)
끝없이 베풀어 주는 은혜를 뜻해요.
예) 부모님의 망극지은을 잊지 말아야 해.

306 보원이덕
(報갚을 보, 怨원망할 원, 以써 이, 德덕 덕)
'원한을 덕으로 갚는다'는 말. 앙갚음하지 않는다는 뜻이에요.

307 수은망극
(受받을 수, 恩은혜 은, 罔그물 망, 極극진할 극)
받은 은혜가 한없이 크다는 뜻이에요.
예) 수은망극하여 몸 둘 바를 모르겠어요.

배움

308 격물치지
(格격식 격, 物만물 물, 致이를 치, 知알 지)
실제 사물을 연구해 명확한 지식을 얻는다는 뜻이에요.

309 교학상장
(敎가르칠 교, 學배울 학, 相서로 상, 長길 장)
가르치고 배우는 과정에서 선생님과 학생이 함께 성장한다는 뜻이에요.

310 동문수학
(同한가지 동, 門문 문, 受받을 수, 學배울 학)
한 스승 밑에서 함께 배운다는 뜻이에요.
예) 그 두 학자는 동문수학했기 때문에 서로 친하다.

정치

311 가렴주구
(苛가혹할 가, 斂거둘 렴, 誅벨 주, 求구할 구)
세금을 가혹하게 거두고 재물을 빼앗는다는 뜻이에요.
예) 옛날 사람들은 못된 관리들의 가렴주구 때문에 큰 고통을 겪었다.

312 요순시절
(堯요임금 요, 舜순임금 순, 時때 시, 節마디 절)
중국의 요임금과 순임금이 다스리던 태평한 시절을 가리켜요. 예) 요즘은 마치 요순시절처럼 살기 좋아.

| 313 | **태평성대** (太클 태, 平평평할 평, 聖성인 성, 代대대신할 대) | 어진 임금이 다스리는 태평한 시대를 가리켜요. 예) 옛 임금들은 태평성대를 이루고자 했으나 뜻대로 안 된 적이 많았어. |

상황

314	**명약관화** (明밝을 명, 若같을 약, 觀볼 관, 火불 화)	불을 보듯 분명하고 뻔하다는 뜻이에요. 예) 지갑을 그렇게 손에 들고 다니다 잃어버리는 건 명약관화야.
315	**본말전도** (本근본 본, 末끝 말, 顚엎드러질 전, 倒넘어질 도)	'중요한 것과 사소한 일의 순서가 뒤바뀐다'는 말. 상황이나 입장이 정상에서 벗어나 있다는 말이에요. 예) 사고를 낸 사람이 피해자에게 화를 내다니 본말전도로군!
316	**사후약방문** (死죽을 사, 後뒤 후, 藥약 약, 方모 방, 文글 문)	'죽은 후에 약 처방을 한다'는 말. 일이 잘못된 뒤에 뉘우쳐도 소용없다는 뜻이에요. 예) 부랴부랴 진입 금지선을 쳤지만 사후약방문이었다.
317	**천편일률** (千일천 천, 篇책 편, 一하나 일, 律법칙 률)	천 권의 책이 모두 하나의 법으로 되어 있는 것처럼, 여러 개가 개성 없이 모두 비슷하다는 뜻이에요. 예) 천편일률적인 지원자들의 노래에 심사 위원들은 꾸벅꾸벅 졸았다.

위험

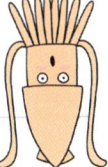

| 318 | **여리박빙** (如같을 여, 履밟을 리, 薄엷을 박, 氷얼음 빙) | 살얼음을 밟듯이 매우 위험하다는 뜻이에요. 예) 적군과 아군이 팽팽하게 맞선 여리박빙의 상황이었다. |
| 319 | **존망지추** (存있을 존, 亡망할 망, 之갈 지, 秋가을 추) | 살아남느냐 망하느냐가 걸린 중요한 시기를 뜻해요. 예) 당시 조선은 존망지추에 놓여 있었다. |

속담

| 320 | **등하불명** (燈등 등, 下아래 하, 不아닐 불, 明밝을 명) | '등잔 밑이 어둡다'는 말. 등잔 밑처럼 가까이 있는 것을 못 찾는다는 뜻이에요. |
| 321 | **화중지병** (畫그림 화, 中가운데 중, 之갈 지, 餠떡 병) | '그림의 떡'이라는 말. 아무리 마음에 들어도 가질 수 없음을 뜻해요. 예) 그 장난감은 너무 비싸서 화중지병에 불과했어. |

5

고사성어 알쏭달쏭 뜻 맞히기

고사성어 하나를 알면 두 개를 덤으로 익힐 수 있어요!
재치 있는 그림과 고사성어의 한자의 뜻을 잘 보고
어떤 고사성어가 어떤 뜻을 가졌는지 알아맞혀 보세요.

알쏭달쏭 뜻 맞히기

아래 고사성어의 뜻은 무엇인지 맞는 것을 고르세요.

322 천고마비 (天하늘 천, 高높을 고, 馬말 마, 肥살찔 비)

① 모르는 게 없다는 뜻이에요.

② 한 글자도 모를 정도로 무식하다는 뜻이에요.

③ '하늘은 높고 말은 살찐다'는 말. 온갖 곡식이 익는 가을철을 뜻해요.

더 해 볼까?

위의 보기 중 아래 고사성어에 맞는 번호를 골라 써 보세요.

323. **일자무식**(一하나 일, 字글자 자, 無없을 무, 識알 식) ___

324. **무소부지**(無없을 무, 所바 소, 不아닐 부, 知알 지) ___

정답: 322. ③ 323. ② 324. ①

325

백발백중 (百일백 백, 發필 발, 百일백 백, 中가운데 중)

① 백 번 쏘면 백 번을 다 맞힐 정도로 틀림없다는 뜻이에요.

② 남의 말을 귀담아듣지 않고 흘려버린다는 뜻이에요.

③ '사방에서 들리는 초나라 적군의 노래'라는 말. 아무에게도 도움을 못 받는 상황을 뜻해요.

더 해 볼까?

위의 보기 중 아래 고사성어에 맞는 번호를 골라 써 보세요.

326. 사면초가 (四넉 사, 面낯 면, 楚초나라 초, 歌노래 가) ___

327. 마이동풍 (馬말 마, 耳귀 이, 東동녘 동, 風바람 풍) ___

정답: 325. ①, 326. ③, 327. ②

알쏭달쏭 뜻 맞히기

아래 고사성어의 뜻은 무엇인지 맞는 것을 고르세요.

328 비몽사몽 (非아닐 비, 夢꿈 몽, 似닮을 사, 夢꿈 몽)

① 깊고 충분히 신중하게 생각한다는 뜻이에요.

② 잠을 자는지 깨어 있는지 알 수 없는 상태를 뜻해요.

③ 한 가지 일로 두 가지 이득을 동시에 본다는 뜻이에요.

더 해 볼까?

정답: 328. ② 329. ① 330. ③

위의 보기 중 아래 고사성어에 맞는 번호를 골라 써 보세요.

329. **심사숙고**(深깊을 심, 思생각 사, 熟익을 숙, 考생각할 고) ____

330. **일석이조**(一하나 일, 石돌 석, 二두 이, 鳥새 조) ____

331 자업자득 (自스스로 자, 業업 업, 自스스로 자, 得얻을 득)

① 자기가 한 행동의 결과를 자신이 겪는다는 뜻이에요.

② 여럿이 의형제를 맺고 함께 일한다는 뜻이에요.

③ 많은 부분이 같고 조금만 달라 비슷하다는 뜻이에요.

더 해 볼까?

위의 보기 중 아래 고사성어에 맞는 번호를 골라 써 보세요.

332. **도원결의** (桃복숭아 도, 園동산 원, 結맺을 결, 義옳을 의) ___

333. **대동소이** (大큰 대, 同한가지 동, 小작을 소, 異다를 이) ___

정답: 331. ① 332. ② 333. ③

알쏭달쏭 뜻 맞히기

아래 고사성어의 뜻은 무엇인지 맞는 것을 고르세요.

334 박장대소 (拍손뼉 칠 박, 掌손바닥 장, 大큰 대, 笑웃음 소)

① '죽어서도 잊지 못할 큰 은혜'라는 말. 고마워하는 마음을 뜻해요.

② 더 낫지도 더 못하지도 않아 차이가 없다는 뜻이에요.

③ 박수를 치며 크게 웃는다는 말이에요.

정답: 334. ③ 335. ① 336. ②

더 해 볼까?

위의 보기 중 아래 고사성어에 맞는 번호를 골라 써 보세요.

335. 백골난망 (白흰 백, 骨뼈 골, 難어려울 난, 忘잊을 망) ___

336. 막상막하 (莫없을 막, 上위 상, 莫없을 막, 下아래 하) ___

337 정정당당 (正바를 정, 正바를 정, 堂집 당, 堂집 당)

① 태도나 수단이 정당하며 떳떳하다는 뜻이에요.

② 자기가 한 일에 만족하지 못하는 마음을 뜻해요.

③ '닭의 갈비'라는 말. 별 쓸모는 없지만 버리기는 아까운 것을 뜻해요.

더 해 볼까?

위의 보기 중 아래 고사성어에 맞는 번호를 골라 써 보세요.

338. **계륵** (鷄닭 계, 肋갈빗대 륵) ___

339. **자격지심** (自스스로 자, 激격할 격, 之갈 지, 心마음 심) ___

정답: 337. ① 338. ③ 339. ②

알쏭달쏭 뜻 맞히기

아래 고사성어의 뜻은 무엇인지 맞는 것을 고르세요.

340 십시일반 (十열 십, 匙숟가락 시, 一하나 일, 飯밥 반)

① 문 앞에 사람이 많이 찾아오는 모습을 말해요.

② 여럿이 힘을 합해 누군가를 도울 수 있다는 뜻이에요.

③ 스스로 거적을 깔고 벌받기를 기다린다는 뜻이에요.

더 해 볼까?

위의 보기 중 아래 고사성어에 맞는 번호를 골라 써 보세요.

341. 문전성시 (門문 문, 前앞 전, 成이룰 성, 市저자 시) ___
342. 석고대죄 (席자리 석, 藁짚 고, 待기다릴 대, 罪허물 죄) ___

정답: 340. ② 341. ① 342. ③

343. 우왕좌왕 (右오른쪽 우, 往갈 왕, 左왼쪽 좌, 往갈 왕)

① 오른쪽 왼쪽으로 왔다 갔다 헤매는 모습을 뜻해요.

② '기나라 사람의 걱정'이란 말. 미래에 대한 쓸데없는 걱정을 뜻해요.

③ 천 년에 한 번 만나는 좋은 기회를 뜻해요.

더 해 볼까?

정답: 343. ① 344. ② 345. ③

위의 보기 중 아래 고사성어에 맞는 번호를 골라 써 보세요.

344. 기우 (杞나라 이름 기, 憂근심 우) ____

345. 천재일우 (千일천 천, 載실을 재, 一하나 일, 遇만날 우) ____

알쏭달쏭 뜻 맞히기

아래 고사성어의 뜻은 무엇인지 맞는 것을 고르세요.

346 다다익선 (多많을 다, 多많을 다, 益더할 익, 善착할 선)

① 사람이면 누구나 가지는 마음과 감정을 뜻해요.

② 사사로운 개인의 이익과 욕심을 뜻해요.

③ 많으면 많을수록 더욱 좋다는 뜻이에요.

정답: 346. ③ 347. ② 348. ①

더 해 볼까?

위의 보기 중 아래 고사성어에 맞는 번호를 골라 써 보세요.

347. 사리사욕(私사사로울 사, 利이로울 리, 私사사로울 사, 慾욕심 욕) ___

348. 인지상정(人사람 인, 之갈 지, 常항상 상, 情뜻 정) ___

349 솔선수범 (率거느릴 솔, 先먼저 선, 垂드리울 수, 範법 범)

① 옳은지 그른지 다투어 가린다는 뜻이에요.

② 앞장서서 모범을 보인다는 뜻이에요.

③ 나쁜 일의 근본과 원인을 뿌리 뽑아 다시 일어나지 않게 막는다는 뜻이에요.

정답: 349. ② 350. ③ 351. ①

더 해 볼까?

위의 보기 중 아래 고사성어에 맞는 번호를 골라 써 보세요.

350. **발본색원**(拔뽑을 발, 本근본 본, 塞막힐 색, 源근원 원) ___

351. **시시비비**(是옳을 시, 是옳을 시, 非아닐 비, 非아닐 비) ___

알쏭달쏭 뜻 맞히기

아래 고사성어의 뜻은 무엇인지 맞는 것을 고르세요.

352 인과응보 (因인할 인, 果열매 과, 應응할 응, 報갚을 보)

① 자신이 한 행동에 대한 대가를 받는다는 뜻이에요.

② 작은 차이가 있지만 근본적으로 같다는 뜻이에요.

③ 자신에게 유리하게 생각하거나 행동한다는 뜻이에요.

정답: 352. ① 353. ③ 354. ②

더 해 볼까?

위의 보기 중 아래 고사성어에 맞는 번호를 골라 써 보세요.

353. 아전인수 (我나 아, 田밭 전, 引끌 인, 水물 수) ___

354. 오십보백보 (五다섯 오, 十열 십, 步걸음 보, 百일백 백, 步걸음 보) ___

355 역지사지 (易바꿀 역, 地땅 지, 思생각 사, 之갈 지)

① 처지를 바꿔 상대방의 입장에서 생각한다는 뜻이에요.

② 잘못한 이가 잘못 없는 이를 나무란다는 뜻이에요.

③ 우물 안에서 하늘을 보듯 생각의 폭이 좁다는 뜻이에요.

정답: 355. ① 356. ② 357. ③

더 해 볼까?

위의 보기 중 아래 고사성어에 맞는 번호를 골라 써 보세요.

356. 적반하장 (賊도둑 적, 反돌이킬 반, 荷멜 하, 杖지팡이 장) ____

357. 좌정관천 (坐앉을 좌, 井우물 정, 觀볼 관, 天하늘 천) ____

알쏭달쏭 뜻 맞히기

아래 고사성어의 뜻은 무엇인지 맞는 것을 고르세요.

358. 주객전도 (主주인 주, 客손님 객, 顚엎드러질 전, 倒넘어질 도)

① 별거 아닌 작은 일을 큰일인 양 떠벌린다는 뜻이에요.

② 만날 때가 있으면 헤어질 때가 꼭 있다는 뜻이에요.

③ 주인과 손님이 바뀌듯 중요한 것과 덜 중요한 것이 서로 바뀐다는 뜻이에요.

더 해 볼까?

정답: 358. ③ 359. ② 360. ①

위의 보기 중 아래 고사성어에 맞는 번호를 골라 써 보세요.

359. 회자정리 (會모일 회, 者놈 자, 定정할 정, 離떠날 리) ___

360. 침소봉대 (針바늘 침, 小작을 소, 棒막대 봉, 大큰 대) ___

361 동문서답 (東동녘 동, 問물을 문, 西서녘 서, 答대답할 답)

① 옛것을 배움으로써 새로운 것을 알게 된다는 뜻이에요.

② 백 번 싸워 백 번 이기듯 매번 이긴다는 뜻이에요.

③ 질문과 관련 없는 엉뚱한 답이라는 뜻이에요.

더 해 볼까?

위의 보기 중 아래 고사성어에 맞는 번호를 골라 써 보세요.

362. 온고지신 (溫따뜻할 온, 故연고 고, 知알 지, 新새로울 신) ____

363. 백전백승 (百일백 백, 戰싸울 전, 百일백 백, 勝이길 승) ____

정답: 361. ③ 362. ① 363. ②

알쏭달쏭 뜻 맞히기

아래 고사성어의 뜻은 무엇인지 맞는 것을 고르세요.

364 전전긍긍 (戰싸울 전, 戰싸울 전, 兢떨릴 긍, 兢떨릴 긍)

① 몹시 두려워 벌벌 떨면서 조심한다는 뜻이에요.

② 죽든지 살든지 상관 않고 끝장내려 한다는 뜻이에요.

③ 사람들이 산과 바다를 이루듯 많이 모였다는 뜻이에요.

정답: 364. ① 365. ③ 366. ②

더 해 볼까?

위의 보기 중 아래 고사성어에 맞는 번호를 골라 써 보세요.

365. 인산인해 (人사람 인, 山메 산, 人사람 인, 海바다 해) ___

366. 사생결단 (死죽을 사, 生날 생, 決결정할 결, 斷끊을 단) ___

367

이구동성 (異다를 이, 口입 구, 同한가지 동, 聲소리 성)

① 한 가지 일로 두 가지 이익을 얻는다는 뜻이에요.

② '입은 다르지만 하는 말은 같다'는 말. 여러 사람이 같은 의견을 낸다는 뜻이에요.

③ 어떤 일을 하기에 아직 좋은 때가 아니라는 뜻이에요.

더 해 볼까?

위의 보기 중 아래 고사성어에 맞는 번호를 골라 써 보세요.

368. 시기상조 (時때 시, 機틀 기, 尙오히려 상, 早이를 조) ___

369. 일거양득 (一하나 일, 擧들 거, 兩두 양, 得얻을 득) ___

정답: 367. ② 368. ③ 369. ①

알쏭달쏭 뜻 맞히기

아래 고사성어의 뜻은 무엇인지 맞는 것을 고르세요.

370
살신성인 (殺죽일 살, 身몸 신, 成이룰 성, 仁어질 인)

① 자신을 희생하여 옳은 일을 한다는 뜻이에요.

② 처음부터 끝까지 한결같이 한다는 뜻이에요.

③ 각기 다른 여러 가지 모양과 빛깔을 뜻해요.

더 해 볼까?

정답: 370. ① 371. ② 372. ③

위의 보기 중 아래 고사성어에 맞는 번호를 골라 써 보세요.

371. 시종일관 (始비로소 시, 終마칠 종, 一하나 일, 貫꿸 관) ___

372. 각양각색 (各각각 각, 樣모양 양, 各각각 각, 色빛 색) ___

373 새옹지마 (塞변방 새, 翁늙은이 옹, 之갈 지, 馬말 마)

① '모래 위의 집처럼 기초가 튼튼하지 못하다'는 말. 금방 잘못될 일이나 물건을 뜻해요.

② 넓은 마음과 씩씩한 기운을 뜻해요.

③ 좋은 일, 나쁜 일은 늘 바뀌고 변한다는 말이에요.

정답: 373.③ 374.② 375.①

더 해 볼까?

위의 보기 중 아래 고시성어에 맞는 번호를 골라 써 보세요.

374. 호연지기 (浩넓을 호, 然그럴 연, 之갈 지, 氣기운 기) ___

375. 사상누각 (沙모래 사, 上위 상, 樓다락 누, 閣집 각) ___

알쏭달쏭 뜻 맞히기

아래 고사성어의 뜻은 무엇인지 맞는 것을 고르세요.

376 설상가상 (雪눈 설, 上위 상, 加더할 가, 霜서리 상)

① 마음을 하나로 합쳐서 한몸처럼 된다는 뜻이에요.

② 눈 위에 서리 내리듯 어려운 일이 겹친다는 뜻이에요.

③ 바람에 우박 날리듯 사방으로 흩어진다는 뜻이에요

정답: 376. ② 377. ③ 378. ①

더 해 볼까?

위의 보기 중 아래 고사성어에 맞는 번호를 골라 써 보세요.

377. **풍비박산** (風바람 풍, 飛날 비, 雹우박 박, 散흩을 산) ____

378. **일심동체** (一하나 일, 心마음 심, 同한가지 동, 體몸 체) ____

379 일취월장 (日날 일, 就나아갈 취, 月달 월, 將장수 장)

① 같이 행동하면서도 생각은 서로 다르다는 뜻이에요.

② 앞으로 어떤 일이 일어날지 아는 지혜를 뜻해요.

③ 날마다 달마다 크게 성장하고 발전한다는 뜻이에요.

정답: 379. ③ 380. ① 381. ②

더 해 볼까?

위의 보기 중 아래 고사성어에 맞는 번호를 골라 써 보세요.

380. **동상이몽**(同한가지 동, 牀평상 상, 異다를 이, 夢꿈 몽) ___

381. **선견지명**(先먼저 선, 見볼 견, 之갈 지, 明밝을 명) ___

쉬어 가기

미로를 따라서 찾은 고사성어를 아래 빈칸에 쓰세요.

382

칼 떨어뜨린 자리를 움직이는 배 위에 새기듯, 현실에 맞지 않는 낡은 생각을 고집한다는 뜻이에요.

382. 각주구검

그림에 맞는 고사성어를 찾아 줄로 이어 보세요.

줄 잇기

①

383

진퇴양난
(進 나아갈 진, 退 물러날 퇴, 兩 두 양, 難 어려울 난)
나아갈 수도 물러설 수도 없는 처지를 뜻해요.

②

384

곡직불문
(曲 굽을 곡, 直 곧을 직, 不 아닐 불, 問 물을 문)
옳고 그름을 따지지 않는다는 뜻이에요.

③

385

지행일치
(知 알 지, 行 다닐 행, 一 하나 일, 致 이를 치)
아는 대로 행동한다는 뜻이에요.

383. ② 384. ① 385. ③

고사성어 파워업! 故事成語

| 386 | **각골지통** (刻새길 각, 骨뼈 골, 之갈 지, 痛아플 통) | 뼈에 사무칠 정도로 원통하다는 뜻이에요. 예) 그는 부모님을 잃은 각골지통으로 복수를 결심했어. |

| 387 | **각자도생** (各각각 각, 自스스로 자, 圖그림 도, 生날 생) | 저마다 살아 나갈 방법을 스스로 구한다는 뜻이에요. 예) 일단 지금은 다른 방법이 없으니 각자도생해 보자. |

| 388 | **공중누각** (空빌 공, 中가운데 중, 樓다락 누, 閣집 각) | 공중에 뜬 누각처럼 아무 근거 없는 생각이나 사물을 뜻해요. 예) 민수는 수희와 사귀는 상상으로 공중누각을 쌓았어. |

| 389 | **과실상규** (過지날 과, 失잃을 실, 相서로 상, 規법 규) | 잘못을 저지르지 않도록 서로 규제한다는 뜻이에요. |

| 390 | **구우일모** (九아홉 구, 牛소 우, 一하나 일, 毛털 모) | '아홉 마리 소의 털 중에 한 가닥의 털'이란 말. 아주 많은 것 중에 아주 적은 수를 뜻해요. 예) 이번 일은 네가 벌인 수많은 범행의 일부로 구우일모에 지나지 않지? |

| 391 | **군위신강** (君임금 군, 爲할 위, 臣신하 신, 綱벼리 강) | 신하는 임금을 섬겨야 한다는 뜻이에요. |

| 392 | **금과옥조** (金쇠 금, 科과목 과, 玉구슬 옥, 條가지 조) | 금과 옥처럼 소중히 지켜야 할 규정과 법을 뜻해요. 예) 나는 외출하고 돌아오면 손을 꼭 씻으라는 엄마의 말씀을 금과옥조로 삼고 있어. |

| 393 | **권토중래** (捲말 권, 土흙 토, 重거듭 중, 來올 래) | '흙먼지를 일으키며 다시 돌아온다'는 말. 어떤 일에 실패했어도 다시 시도한다는 뜻이에요. 예) 그는 시험에 떨어지고 나서 권토중래의 마음으로 다시 학원에 등록했어. |

| 394 | **기왕불구** (旣이미 기, 往갈 왕, 不아닐 불, 咎허물 구) | 이미 지난 일에 대해서는 탓하지 않는다는 뜻이에요. 예) 기왕불구하고 친구랑 사이좋게 지내렴. |

395	**낙장불입** (落떨어질 낙, 張베풀 장, 不아닐 불, 入들 입)	화투나 트럼프 게임에서 '한번 내놓은 패는 다시 물릴 수 없다'는 말. 일단 벌인 일을 되돌릴 수 없다는 뜻이에요. 예) 낙장불입이라고 한번 나한테 장난감을 줬으면 그만이지 네게 돌려줄 수는 없어.
396	**낙정하석** (落떨어질 낙, 穽함정 정, 下아래 하, 石돌 석)	'함정에 빠진 사람에게 돌을 던진다'는 말. 어려운 사람을 돕지 않고 오히려 괴롭힌다는 뜻이에요. 예) 친구가 왕따를 당할 때 가만히 보고만 있는 것은 낙정하석이야.
397	**남존여비** (男남자 남, 尊높을 존, 女여자 여, 卑낮을 비)	여자보다 남자를 더 우대하고 존중한다는 뜻이에요. 예) 지금도 어떤 회사에서는 남존여비 사상이 남아서 남자 직원의 승진이 더 빠르대.
398	**노마지지** (老늙을 노, 馬말 마, 之갈 지, 智슬기 지)	'늙은 말의 슬기'라는 말. 별 볼 일 없어 보이는 사람도 장점이 있다는 뜻이에요.
399	**논공행상** (論논의할 논, 功공 공, 行다닐 행, 賞상줄 상)	공이 큰지 작은지 논의해서 상을 준다는 뜻이에요. 예) 논공행상으로 이번 사업 성공에 공이 큰 직원에게 혜택을 많이 주기로 했어.
400	**대대손손** (代대신할 대, 代대신할 대, 孫자손 손, 孫자손 손)	여러 대에 걸쳐 내려오는 후손을 뜻해요. 예) 이 항아리는 대대손손 내려오는 우리 집 가보야.
401	**등화가친** (燈등 등, 火불 화, 可옳을 가, 親친할 친)	가을밤은 등불을 가까이 하여 책 읽기 좋다는 뜻이에요. 예) 등화가친의 계절, 가을이 왔구나.
402	**매점매석** (買살 매, 占차지할 점, 賣팔 매, 惜아낄 석)	물건 값이 오를 것이라 예상하고, 미리 물건을 많이 산 뒤 가격이 오르면 파는 것을 뜻해요.
403	**명심불망** (銘새길 명, 心마음 심, 不아닐 불, 忘잊을 망)	마음에 새기어 오래도록 잊지 않는다는 뜻이에요.
404	**목불인견** (目눈 목, 不아닐 불, 忍참을 인, 見볼 견)	눈앞의 상황이 비참하거나 꼴불견이라는 뜻이에요. 예) 교통 신호를 어기고도 오히려 화를 내는 모습이 목불인견이다.
405	**목전지계** (目눈 목, 前앞 전, 之갈 지, 計꾀할 계)	앞날을 모르고 눈앞의 것만 생각한 계획을 말해요. 예) 인류 문명 발전을 위해 아마존 숲을 다 베어 내겠다는 것은 오히려 인류 생존을 위협하는 목전지계야.

406	**무불통달** (無없을 무, 不아닐 불, 通통할 통, 達달통할 달)	무슨 일이든 모르는 것 없이 환히 다 안다는 뜻이에요.
407	**무위자연** (無없을 무, 爲할 위, 自스스로 자, 然그럴 연)	사람의 힘을 더하지 않은 자연 그대로를 뜻해요. 예) 무위자연해야 행복하다고 하는 사람들이 있어.
408	**민심무상** (民백성 민, 心마음 심, 無없을 무, 常항상 상)	민심은 일정치 않고 상황에 따라 변한다는 뜻이에요.
409	**백일몽** (白흰 백, 日날 일, 夢꿈 몽)	낮에 꾸는 꿈처럼 이룰 수 없는 헛된 공상을 뜻해요. 예) 옛날에는 농민도 과거 시험을 볼 수 있었지만 실제로 관리가 되는 건 백일몽에 불과했어.
410	**불구대천** (不아닐 불, 俱함께 구, 戴일 대, 天하늘 천)	같은 하늘 아래 살 수 없을 정도로 원한을 가졌다는 뜻이에요. 예) 형제끼리 불구대천의 원수도 아닌데, 이제 그만 화해해라.
411	**불로장생** (不아닐 불, 老늙을 로, 長길 장, 生날 생)	늙지 않고 오래 산다는 뜻이에요. 예) 옛 중국 진나라 시황제는 불로장생을 위한 약을 찾기 위해 애썼어.
412	**사고무친** (四넉 사, 顧돌아볼 고, 無없을 무, 親친할 친)	'사방을 돌아봐도 친척이 없다'는 말. 의지할 사람이 아무도 없는 외로운 처지를 뜻해요. 예) 이 동화의 주인공은 사고무친 외로운 아이예요.
413	**사면춘풍** (四넉 사, 面낯 면, 春봄 춘, 風바람 풍)	사면에 봄바람 불듯 누구에게나 친절하다는 뜻이에요. 예) 우리 선생님은 우리 반에서 항상 사면춘풍이지.
414	**사시장춘** (四넉 사, 時때 시, 長길 장, 春봄 춘)	어느 계절에나 늘 봄같이 잘 지낸다는 뜻이에요. 예) 나는 이 마을에서 사시장춘이야.
415	**상선약수** (上위 상, 善착할 선, 若같을 약, 水물 수)	지극히 착한 것은 물과 같다는 뜻이에요.
416	**세한삼우** (歲해 세, 寒찰 한, 三석 삼, 友벗 우)	추위를 견디는 소나무, 대나무, 매화나무를 뜻해요.
417	**송구영신** (送보낼 송, 舊옛 구, 迎맞이할 영, 新새로울 신)	묵은해를 보내고 새로운 해를 맞는다는 뜻이에요.

418	**실사구시** (實열매 실, 事일 사, 求구할 구, 是옳을 시)	과학적이고 객관적인 사실을 바탕으로 진리를 찾는다는 뜻이에요.
419	**안분지족** (安편안 안, 分나눌 분, 知알 지, 足발 족)	편안하게 자기 분수를 지키며 만족한다는 뜻이에요. 예) 나는 행복해지기 위해 안분지족할 거야.
420	**양약고구** (良어질 양, 藥약 약, 苦쓸 고, 口입 구)	좋은 약은 입에 쓰듯 이로운 충고는 언짢고 귀에 거슬린다는 뜻이에요.

깔깔깔
이야기
고사성어

재미있는 이야기 속에 고사성어가 쓰여 있어요!
힌트를 보고 알맞은 고사성어를 골라 빈칸에 써 보세요.

어디 갔니, 댕댕아!

엄마 점박이가 누렁이 부인 앞에서 신이 나서 말했어요.

"우리 막내 강아지 댕댕이가 얼마나 심부름을 척척 잘하는지 몰라요. 우리 먹을 뼈다귀 쿠키 좀 사 오라고 해 볼게요."

"1살짜리가 벌써 심부름이라니, 철중쟁쟁한 강아지네요."

엄마 점박이는 댕댕이를 불러서 심부름을 시켰어요.

그런데 십 분이 지나고 삼십 분, 한 시간이 지나도 댕댕이가 돌아오지 않았어요.

"애고, 댕댕이가 함흥차사네요. 우리 찾으러 가 봐요."

엄마 점박이와 누렁이 부인은 놀이터에서 놀고 있는 막내 강아지를 발견했어요.

"댕댕아! 엄마가 심부름 시킨 뼈다귀 쿠키는 어디 있니? 왜 여기서 놀고 있어?"

"아! 놀이터에 새 그네가 생긴 걸 보고 심부름을 깜빡 잊었어요."

엄마 점박이는 어이가 없었어요.

"금지옥엽으로 키운 우리 딸이 건망증쟁이라니!"

이야기 속 고사성어 힌트

421 ☐☐☐☐ '여럿 중 유난히 맑은 소리가 나는 철'이라는 말. 여럿 중에서 가장 뛰어나다는 뜻이에요.
(鐵쇠 철, 中가운데 중, 錚쇳소리 쟁, 錚쇳소리 쟁)

422 ☐☐☐☐ 심부름을 갔다가 돌아오지 않는 사람을 말해요.
(咸다 함, 興일어날 흥, 差다를 차, 使부릴 사)

423 ☐☐☐☐ 금 가지와 옥 잎사귀처럼 귀한 자식을 가리켜요.
(金쇠 금, 枝가지 지, 玉구슬 옥, 葉잎 엽)

맹자네 이사

맹자네 집에는 어린 맹자와 엄마뿐이었어요. 아버지 없이 살아가며 천신만고를 겪었지요. 여러 힘든 일 속에서도 맹자네 엄마는 맹자를 훌륭하게 키워야겠다고 결심을 다졌어요. 처음에 맹자네는 묘지 근처로 이사를 갔어요. 죽은 사람을 실은 가마인 상여가 날마다 들어오고 울며 곡을 하는 소리가 들렸지요.

"아이고~ 아이고~."

그러자 맹자도 곡소리를 흉내 내며 놀았어요. 이를 본 맹자네 엄마는 깜짝 놀라 당장 다른 데로 이사를 갔어요. 새로운 집은 사통팔달한 시장 근처에 있었어요.

"싸게 팔아요. 떡이요, 떡이~."

이번에 맹자는 장사하는 사람 흉내를 내며 놀았어요. 맹자네 엄마의 고민이 커졌어요. 결국 생각 끝에 서당 근처로 집을 옮겼지요.

"옛 스승님 말씀에, 지나침은 모자란 것과 같다."

이번에는 맹자가 서당에서 흘러나오는 글 읽는 소리를 따라 했어요. 그제야 안심을 한 맹자네 엄마는 계속 서당 근처에서 살았어요. 그때부터 맹모삼천이라는 말이 생겨났답니다.

이야기 속 고사성어 힌트

424 ☐☐☐☐ '천 가지 매운 것과 만 가지 괴로움'이라는 말. 온갖 어려움을 겪으며 고생한다는 뜻이에요. (千일천 천, 辛매울 신, 萬일만 만, 苦괴로울 고)

425 ☐☐☐☐ '맹자 어머니가 교육을 위해 세 번 이사했다'는 말. 교육에는 환경이 중요하다는 뜻이에요. (孟맏 맹, 母어머니 모, 三석 삼, 遷옮길 천)

426 ☐☐☐☐ 사방으로 길이 통해 있어 막힘없다는 뜻이에요. (四넉 사, 通통할 통, 八여덟 팔, 達통할 달)

전학 첫날에 생긴 일 1

쪼그만 멸치 마르치가 새 학교로 전학을 왔어요.

"아, 안녕……. 내, 내 이름은 마르치야."

"뭐, 뭐라고? 소리가 너무 작아서 안 들려. 덩치가 작아서 그런가? 하하하."

덩치 큰 고등어 고드리가 말하자 반 아이들 모두 와하하 웃었어요.

마르치의 얼굴이 부끄러워 새빨개졌어요.

새로 전학 간 마르치네 반에는 고등어, 오징어, 꽁치, 도루묵 같은 큰 아이들이 있었어요. 마르치처럼 작은 아이는 없었지요. 마르치는 혈혈단신 혼자인 것만 같았어요. 그전에 다니던 학교에서 지란지교로 사귀던 새우가 그리웠지요. 하루 종일 말 한마디 못한 채 수업이 끝났어요.

"후유, 내일은 또 학교에서 어떻게 지내지? 난 고립무원 신세야."

집에 가는 길에 마르치가 시무룩하게 혼잣말을 했어요. 그때였어요.

"악! 도와주세요! 저 좀 살려 주세요!"

해초 숲 뒤에서 비명 소리가 들려왔어요.

이야기 속 고사성어 힌트

427 ☐☐☐☐ 세상에 혼자라서 외롭고 의지할 데 없는 사람을 뜻해요.
(孑외로울 혈, 孑외로울 혈, 單홀 단, 身몸 신)

428 ☐☐☐☐ 난초처럼 향기롭게 사귀는 귀한 우정을 말해요.
(芝지초 지, 蘭난초 란, 之갈 지, 交사귈 교)

429 ☐☐☐☐ 혼자 고립되어 있어 도와줄 사람이 없다는 뜻이에요.
(孤외로울 고, 立설 립, 無없을 무, 援도울 원)

전학 첫날에 생긴 일 2

해초 숲 뒤로 헤엄쳐 간 마르치는 참치 아저씨의 말소리를 들었어요.

"어허, 요놈 참. 이렇게 소리치는 걸 보니 더 맛있어 보이는걸? 하하."

고드리가 자신보다 덩치가 큰 참치 아저씨 앞에서 바들바들 떨고 있었어요.

마르치는 살금살금 헤엄쳐서 참치 아저씨의 머리로 올라갔어요. 참치 아저씨는 조금도 눈치채지 못했어요. 그러나 마르치를 본 고드리의 눈이 휘둥그레졌어요.

"요놈 눈을 크게 뜨니까 더 먹음직스럽네. 자, 그럼 한 입 먹어 볼까?"

참치 아저씨가 입을 크게 벌리고 고드리를 삼키려 했어요. 위기일발이었어요.

그때 마르치가 참치 아저씨의 눈가를 확 잡아당겼어요.

"으악! 아파라!"

참치 아저씨는 비명을 지르고 도망쳐 버렸어요.

"고마워, 마르치야. 네 덕분에 구사일생으로 살았다."

고드리는 감지덕지였어요. 그날부터 고드리와 마르치는 친구가 되었고, 마르치는 학교에서 '이달의 멋진 물고기'로 뽑혔답니다.

이야기 속 고사성어 힌트

430 ☐☐☐☐ 무거운 물건을 끌어당기다 끊기기 직전의 머리카락처럼 위험한 순간을 말해요.
(危위태할 위, 機틀 기, 一하나 일, 髮터럭 발)

431 ☐☐☐☐ 아홉 번 죽을 고비를 넘기고 겨우 살아난다는 뜻이에요.
(九아홉 구, 死죽을 사, 一하나 일, 生날 생)

432 ☐☐☐☐ 감사하고 덕으로 생각하며 고마워한다는 뜻이에요.
(感느낄 감, 之갈 지, 德덕 덕, 之갈 지)

누가 제일 예쁠까?

하늘 미인 대회가 열렸어요. 제일 먼저 화려한 옷을 입은 여자가 일어났어요.

"저는 중국에서 경국지색으로 유명한 양귀비예요. 여기서도 제가 제일 예쁘군요."

구름 위에 저마다 자리 잡고 앉은 각인각색 사람들과 동물들이 고개를 끄덕였어요.

"무슨 그런 말씀을! 사람과 동물을 통틀어 바로 저, 공작이 제일 예쁘다고요."

공작이 빛나는 깃털을 펼치고 앞으로 뒤로 왔다 갔다 하며 자태를 뽐냈어요. 이후 페르시안 고양이, 만다린 피시, 문어 등이 저마다 아름다움을 뽐냈어요.

"문어는 왜 나온 거야? 온몸이 꾸불텅꾸불텅한 게 엄청 못생겼는데."

누군가 중얼대는 소리를 들은 문어는 눈물이 핑 돌았어요. 속상했지만 맛있는 걸 먹으면 위로가 될 것 같았어요. 가방 속 빵을 먹으려던 문어는 문득 모두가 배고플 거란 생각이 들었지요. 문어는 다리를 바쁘게 움직이며 모두에게 일사천리로 빵을 건넸어요.

드디어 대회가 끝나고 시상 시간이 되었어요

"이번 하늘 미인 대회 우승자는 남을 배려하는 예쁜 마음을 가진 문어입니다!"

모두 뜻밖의 발표에 놀랐지만 곧 고개를 끄덕이며 박수를 쳤답니다.

이야기 속 고사성어 힌트

433 ☐☐☐☐ 나라를 기울게 할 만큼 아름다운 여자를 뜻해요.
(傾기울 경, 國나라 국, 之갈 지, 色빛 색)

434 ☐☐☐☐ 강물이 순식간에 천 리를 가듯 일이 빠르게 진행된다는 뜻이에요.
(一하나 일, 瀉쏟을 사, 千일천 천, 里마을 리)

435 ☐☐☐☐ 사람마다 태도와 말이 저마다 다르다는 뜻이에요.
(各각각 각, 人사람 인, 各각각 각, 色빛 색)

잉어 촐랑이의 모험

중국의 황하라는 강에 잉어들이 모여 살았어요. 잉어들은 해마다 용문을 올라가는 대회를 열었어요. 용문은 황하 상류에 있는 계곡인데 잉어가 용문을 무사히 오르면 용이 될 수 있었어요. 하지만 물살이 얼마나 센지 대회 때마다 우승자가 한 마리도 없기가 비일비재했어요.

촐랑촐랑 헤엄을 잘도 치는 잉어 촐랑이도 용이 되고 싶었어요.

"난 언젠가 꼭 용문을 올라가서 용이 되고 말 테야."

촐랑이가 이렇게 말할 때면 친구들은 비웃었어요.

"야, 너 같은 비실이가 용문에 올라갈 수 있으면 나는 이미 용이다."

하지만 촐랑이는 매일 하루도 빼놓지 않고 운동을 했어요. 촐랑이는 대회에서 자꾸만 실패했지만 그때마다 심기일전하며 다시 운동을 시작했어요.

십 년이 지나자 촐랑이는 그 누구보다 튼튼해졌어요. 그해 대회에서 촐랑이는 무사히 용문을 올라갔어요. 그리고 늠름한 용으로 변해 하늘로 올라갔어요. 그 모습을 본 사람들은 그때부터 '등용문'이란 말을 쓰게 되었답니다.

이야기 속 고사성어 힌트

436 ☐☐☐☐ 같은 일이 한두 번이 아니라 여러 번 일어난다는 말이에요.
(非아닐 비, 一하나 일, 非아닐 비, 再다시 재)

437 ☐☐☐☐ 이제까지의 마음 자세를 바꿔 완전히 달라진다는 뜻이에요.
(心마음 심, 機틀 기, 一하나 일, 轉구를 전)

438 ☐☐☐ 용문에 오르듯 힘든 과정을 거쳐 출세하는 것을 뜻해요.
(登오를 등, 龍용 용, 門문 문)

효녀 심청 이야기 1

"바다의 제물이 되어 주실 처녀를 찾습니다. 돈은 원하시는 만큼 드립니다."

뱃사람들이 여기저기 다니며 나이 어린 처녀를 찾고 있었어요. 풍랑이 이는 바다에 처녀를 바치면 잔잔해진다고 믿었거든요. 그러다 어떤 초가삼간 앞에서 한 처녀를 만났어요.

"어르신들, 저는 심청이라 하옵니다. 저를 쌀 삼백 석에 사 주세요."

"그래, 우리야 정말 고맙지만 어떤 사연이기에 목숨을 버리고자 하느냐?"

"저희 아버지는 앞을 볼 수 없는 데다 가난했지만 문전걸식하시며 저를 귀하게 키워 주셨습니다. 그런데 얼마 전, 스님 말씀을 들으니 쌀 삼백 석만 부처님께 바치면 아버지가 눈을 뜰 수 있다고 합니다. 아버지 눈만 뜨일 수 있다면 제 목숨을 버려도 아깝지 않습니다."

심청의 말에 뱃사람들은 눈물을 흘렸어요. 집 안에서 이 소리를 들은 아버지가 외쳤어요.

"심청아, 그게 무슨 소리냐? 안 된다!"

"아버지, 이건 일생일대에 올까 말까 한 기회예요. 부디 눈 뜨시고 오래오래 사세요."

심청은 아버지에게 큰절을 하고 뱃사람들을 따라갔어요.

이야기 속 고사성어 힌트

439 ☐☐☐☐ 여러 집 문 앞을 돌아다니며 빌어먹고 산다는 뜻이에요.
(門문 문, 前앞 전, 乞빌 걸, 食밥 식)

440 ☐☐☐☐ 세 칸밖에 안 되는 초가처럼 아주 작은 집을 뜻해요.
(草풀 초, 家집 가, 三석 삼, 間사이 간)

441 ☐☐☐☐ 한 사람이 나고 자라 죽을 때까지의 일평생을 뜻해요.
(一하나 일, 生날 생, 一하나 일, 代대신할 대)

439. 문전걸식 440. 초가삼간 441. 당상양대

효녀 심청 이야기 2

심청은 뱃사람들과 함께 큰 파도가 치는 바다로 나가 약속대로 배에서 뛰어내렸어요.

"어? 여긴 어디지?"

심청이 눈을 떠 보니 그곳은 용궁이었어요. 용왕은 효가 지극한 심청을 살려 주고, 연꽃에 싸서 수면 위로 올려 보냈지요. 크고 아름다운 연꽃은 황제에게 바쳐졌고, 황제는 연꽃 속에서 나온 심청을 황후로 맞이했어요.

"황후, 무슨 걱정이 있소? 왜 그리 표정이 어두운 거요?"

"사실 저는 심학규라는 시각 장애인의 딸입니다. 예전에 제가 살던 곳에 알아보았으나 아버지가 눈을 뜨지 못하시고 어디 계시는지 오리무중이라 걱정이 되옵니다."

"그렇다면 전국의 시각 장애인을 모두 초대해 잔치를 엽시다. 그럼 아버님이 꼭 오실 것이오."

온 나라가 떠들썩하게 잔치가 열렸어요. 심청은 만나기를 학수고대하던 아버지를 찾았지요.

"아버지, 저 심청이에요! 우여곡절 끝에 제가 황후가 되었어요."

"정말이냐! 네가 심청이란 말이냐! 죽은 줄로만 알았던 우리 심청이라고?"

그 순간 아버지의 눈이 번쩍 뜨였고, 심청과 아버지는 행복하게 살았답니다.

이야기 속 고사성어 힌트

442 □□□□ 오 리나 되는 안개 속처럼 전혀 알 수 없다는 뜻이에요.
(五다섯 오, 里마을 리, 霧안개 무, 中가운데 중)

443 □□□□ 학이 머리를 빼고 기다리듯 애타게 기다린다는 뜻이에요.
(鶴학 학, 首머리 수, 苦괴로울 고, 待기다릴 대)

444 □□□□ 이리 저리 꺾이고 굽어지듯 복잡한 상황을 뜻해요.
(迂에돌 우, 餘남을 여, 曲굽을 곡, 折꺾을 절)

호랑이가 나타났다!

새 마을에 가뭄이 들었어요. 새 마을 대표 비둘기가 토끼 마을 촌장을 찾아갔어요.

"저희 새들도 이곳에 살게 해 주세요. 가뭄 때문에 모두 굶고 있거든요. 호구지책으로 매일 이 마을 저 마을 구걸을 다니고 있는데, 너무 힘들어요. 전에 저희가 산불이 났다는 걸 알려 드려서 대피를 빨리 하셨잖아요. 상부상조라고, 이번엔 저희를 도와주세요."

하지만 토끼 마을 촌장은 고개를 저었어요.

새 마을로 돌아온 비둘기는 고민 끝에 한 가지 꾀를 냈어요.

"얘들아, 삼인성호라고, 우리가 토끼 마을에서 호랑이를 봤다고 자꾸 말하면 토끼들은 그렇게 믿을 거야."

비둘기의 말에 꿩과 참새는 의심스러웠지만 일단 그대로 해 보았어요.

"호랑이가 나타났다!"

첫 번째로 비둘기가 토끼 마을을 지나며 말하고, 좀 이따가 두 번째로 꿩이 지나며 말했어요. 마침내 참새가 세 번째로 가서 말했지요. 그러자 토끼들은 진짜로 호랑이가 있다고 믿고 마을을 모두 떠났답니다. 그렇게 새들은 토끼 마을에 살 수 있게 되었어요.

이야기 속 고사성어 힌트

445 ☐☐☐☐ 하도 가난해 입에 풀칠하며 겨우 먹고사는 방책을 뜻해요.
(糊풀칠할 호, 口입 구, 之갈 지, 策꾀 책)

446 ☐☐☐☐ 거짓이라도 여럿이 말하면 진실로 믿는다는 뜻이에요.
(三석 삼, 人사람 인, 成이룰 성, 虎범 호)

447 ☐☐☐☐ 서로서로 돕는다는 뜻이에요.
(相서로 상, 扶도울 부, 相서로 상, 助도울 조)

원숭이들 먹이 주기

옛날 어느 마을에 원숭이를 기르는 저공이라는 사람이 있었어요. 원숭이를 아주 아끼고 좋아하는 사람이었지요.

"어이구, 여보! 원숭이들 먹여 살리느라고 우리 애들 먹을 게 없어요."

저공은 부자가 아니었어요. 가난한 살림에 사람 먹을 것도 없는 판이었지요.

저공은 고민을 하다가 원숭이들에게 먹이를 줄여서 주기로 했어요.

"얘들아, 도토리를 앞으로는 아침에 세 개, 저녁에 네 개 주도록 하마."

저공의 말에 원숭이들은 기세등등하게 화를 냈어요.

"절대 안 된다! 우리를 굶겨 죽이려는 권모술수냐!"

한참을 곰곰이 생각하던 저공이 다시 말했어요.

"좋다! 그러면 아침에는 네 개를 주고 저녁에 세 개를 주마."

하루에 일곱 개를 주는 건 같았지만 원숭이들은 당장 아침에 네 개를 먹을 수 있다는 생각에 좋아했답니다. 이 이야기를 들은 사람들은 저공이 낸 것 같은 꾀를 '조삼모사'라고 부르기 시작했어요.

이야기 속 고사성어 힌트

448 ☐☐☐☐ 기세가 아주 높고 힘차다는 말이에요.
(氣기운 기, 勢형세 세, 騰오를 등, 騰오를 등)

449 ☐☐☐☐ 목적을 위해 남을 속이는 꾀와 방법을 말해요.
(權권세 권, 謀꾀 모, 術재주 술, 數셈 수)

450 ☐☐☐☐ 잔꾀를 부려 남을 놀리는 경우를 가리켜요.
(朝아침 조, 三석 삼, 暮저물 모, 四넉 사)

장군님의 전술

옛 중국 한나라에 한신이라는 장수가 있었어요. 한신은 군사를 이끌고 조나라의 성을 빼앗으려 나섰어요. 그런데 조나라 군사는 한신이 이끄는 군사보다 훨씬 많고 잘 훈련되어 있었어요.

"장군님, 이 칼은 어떻게 다루어야 하나요?"

한신의 군사들은 훈련이 잘 안 되어 있었어요. 이대로 조나라 군사와 맞붙어 싸우면 질 게 명명백백했어요. 그래서 한신은 군사들을 강 앞에 서게 했지요. 배수진을 치게 한 거예요.

"장군님! 등 뒤에 강이 있으면 싸우다 불리할 때 저희가 도망을 칠 수가 없어요."

"그렇지. 도망칠 수 없으니 죽을힘을 다해 싸울 수 있겠지?"

한신이 말했어요. 한신은 등 뒤에 강이 있으면 군사들이 더욱 목숨을 다해 싸워 마침내 이길 수 있으리라 생각했던 거예요.

"하하하. 저런 허접한 작전으로 강한 우리 조나라 군사를 치겠다고? 당랑거철이로구나."

조나라 장수는 이렇게 비웃었어요. 하지만 조나라군은 죽기 살기로 싸우는 한신의 군사에게 결국 패배하고 말았답니다.

이야기 속 고사성어 힌트

451 ☐☐☐ 물을 등지고 싸우듯 더 물러설 수 없다는 마음으로 어떤 일을 한다는 뜻이에요.
(背등 배, 水물 수, 陣진 칠 진)

452 ☐☐☐☐ 의심할 여지 없이 명백하고 확실하다는 뜻이에요.
(明밝을 명, 明 밝을 명, 白흰 백, 白흰 백)

453 ☐☐☐☐ '사마귀가 수레바퀴를 막으려 한다'는 말. 제 분수도 모르고 강한 상대에게 덤빈다는 뜻이에요. (螳사마귀 당, 螂사마귀 랑, 拒막을 거, 轍바퀴자국 철)

어느 도둑 이야기

캄캄한 밤, 진식이라는 사람의 집에 도둑이 들었어요.

도둑이 캄캄한 방 안을 더듬으며 한참을 뒤지는데, 갑자기 그 방으로 다가오는 발소리가 났어요. 숨을 곳을 찾던 도둑은 임기응변으로 천장의 대들보 위에 올라가 숨었어요.

방 안에 들어온 사람은 집주인인 진식이었어요. 등불을 켠 진식은 방바닥에 찍힌 발자국을 발견했어요.

도둑이 든 사실을 알아챈 진식이 아들과 손자를 불렀어요.

"얘들아, 사람은 원래 착하단다. 그런데 사정이 나빠지면 나쁜 일에 손대기 쉽지. 그건 그 사람의 노력이 부족하기 때문이란다. 바로 저 대들보 위의 양상군자처럼 말이다."

깜짝 놀란 도둑은 진식의 앞으로 내려와 무릎을 꿇었어요.

"제가 잘못하였습니다. 흉년 때문에 먹을 게 없다 보니 제가 잘못된 선택을 했습니다. 앞으로는 나쁜 일은 하지 않고 살겠습니다."

진식은 잘못을 뉘우친 도둑에게 선물을 주었어요. 도둑은 개과천선하여 그 선물로 장사를 시작했고 다시는 나쁜 일에 손대지 않았답니다.

이야기 속 고사성어 힌트

454 ☐☐☐☐ 처한 상황에 따라 그때그때 맞추어 행동하는 걸 뜻해요.
(臨임할 임, 機틀 기, 應응할 응, 變변할 변)

455 ☐☐☐☐ '대들보 위의 군자'라는 말. 도둑을 뜻해요.
(梁들보 양, 上위 상, 君임금 군, 子아들 자)

456 ☐☐☐☐ 과거의 잘못을 고쳐서 착해진다는 뜻이에요.
(改고칠 개, 過지날 과, 遷옮길 천, 善착할 선)

호랑이보다 무서운 것은?

옛날 중국 노나라에 공자가 살고 있었어요.

노나라의 정치가들은 날마다 이전투구식으로 싸웠지요. 그러자 백성들의 삶이 점점 어려워졌어요. 그래서 공자는 노나라를 떠나 제나라로 가기로 했어요.

공자가 제자들과 가는 길에 보니 한 여자가 무덤 세 개 앞에서 울고 있었어요.

공자가 다가가 물었어요.

"왜 그렇게 우시오?"

"이곳에서 그전에 저희 시아버지가 호랑이에 물려 돌아가셨어요. 그런데 작년에 백년해로할 줄 알았던 남편, 그리고 아들까지 모두 호랑이에 물려 죽었어요."

"그러면 호랑이를 피해 어서 이곳을 떠나시오."

"호랑이가 있어도 여기가 낫습니다. 이곳을 떠나 다른 곳에 가면 세금을 더 많이 내야 해요. 그건 너무 가혹해요."

그러자 공자가 제자들에게 말했어요.

"가정맹어호로구나. 좋은 정치가 펼쳐지는 곳으로 가자꾸나."

이야기 속 고사성어 힌트

457 ☐☐☐☐ 자기 이익을 위해 진흙탕 속 개처럼 비열하게 싸운다는 뜻이에요.
(泥진흙 이, 田밭 전, 鬪싸움 투, 狗개 구)

458 ☐☐☐☐ 부부가 평생 즐겁게 살며 함께 늙어 간다는 뜻이에요.
(百일백 백, 年해 년, 偕함께 해, 老늙을 로)

459 ☐☐☐☐☐ 가혹한 정치는 호랑이보다 무섭다는 뜻이에요.
(苛가혹할 가, 政정사 정, 猛사나울 맹, 於어조사 어, 虎호랑이 호)

아끼는 것을 버릴 수밖에 없는 마음

"소문 들었어? 제갈량 님이 마속 님을 목 베라 명하셨대."

부엌에서 도마질을 하던 하녀가 무를 다듬는 다른 하녀에게 말했어요.

"뭐라고? 제갈량 님은 마속 님이 불세출의 장군감이라고 입이 닳도록 칭찬하고 아끼셨잖아! 그런데 어떻게 된 거야?"

"마속 님이 이번에 우리 촉나라를 지키러 나가셨었거든. 제갈량 님은 안 보내려 하셨는데, 마속 님이 맡겨 달라고, 만약에 자신이 지면 목을 내놓겠다고 하셨다는 거야. 그래서 제갈량 님이 할 수 없이 이길 수 있는 전략을 알려 주시면서 마속 님을 보내셨대. 그런데 마속 님이 제갈량 님의 전략을 따르지 않고 자기 마음대로 작전을 펼쳤대. 결국 악전고투하다가 지고 말았다지 뭐니?"

"어이쿠! 그렇다고 그런 인재를 목 벨 필요까진 없잖아."

"그래야 군대의 질서가 바로 서니까. 마속 님의 목을 베라 명하면서 제갈량 님이 엄청 우셨대."

"아이고, 읍참마속이었구나. 이를 어째. 흑흑."

두 하녀는 요리를 하다 말고 눈물짓느라 밥이 죽이 되는지 누룽지가 되는지도 몰랐답니다.

이야기 속 고사성어 힌트

460 ☐☐☐ 세상에서 보기 드물게 뛰어나다는 뜻이에요.
(不아닐 불, 世세대 세, 出날 출)

461 ☐☐☐☐ 어려운 상황에서 고생하며 싸운다는 뜻이에요.
(惡악할 악, 戰싸울 전, 苦괴로울 고, 鬪싸움 투)

462 ☐☐☐☐ 아끼는 사람이라도 큰 뜻을 위해 버린다는 뜻이에요.
(泣울 읍, 斬벨 참, 馬말 마, 謖일어날 속)

암사자들의 사냥 대작전

"얘들아. 내 말 잘 들어라. 우린 이제 '성동격서'라는 작전을 쓸 거야. 저기 얼룩말들 보이지? 나는 서쪽으로 몰래 다가갈 테니, 너희는 모두 동쪽으로 가라."

모두 대장 암사자 말대로 동쪽 풀숲으로 달려가 으르렁 울부짖고 펄쩍펄쩍 뛰었어요. 깜짝 놀란 얼룩말들이 반대쪽인 서쪽으로 도망가기 시작했어요. 그곳에서 기다리던 대장 암사자가 한 얼룩말에게 달려들었어요. 엉덩이를 콱 물었지요.

하지만 이게 웬일이에요? 뿌붕 빠앙~ 얼룩말이 방귀를 쉴 새 없이 뀌어 대지 뭐예요. 한 번도 맡아 본 적 없는 미증유의 냄새였어요.

'내가 천고만난을 겪었지만 이런 적은 없었는데……. 그래도 꾹 참아야 해.'

하지만 지독한 방귀 냄새에 대장 암사자는 얼굴이 빨개지고 눈알이 튀어나올 것 같았어요. 아무리 무서운 적도 한입에 죽이는 강한 대장 암사자였지만 어쩔수 없었어요. 결국 얼룩말을 물었던 턱을 풀었지요.

"아휴, 하필 방귀쟁이 얼룩말을 물다니!"

얼룩말은 이때다! 하고 냉큼 도망갔답니다.

이야기 속 고사성어 힌트

463 ☐☐☐☐ '동쪽에서 소리를 내고 서쪽에서 공격한다'는 말. 적에게 혼란을 주는 기술을 뜻해요.
(聲소리 성, 東동녘 동, 擊칠 격, 西서녘 서)

464 ☐☐☐ 일찍이 한 번도 있었던 적이 없다는 뜻이에요.
(未아닐 미, 曾일찍 증, 有있을 유)

465 ☐☐☐☐ 천 가지 괴로움과 만 가지 어려운 고난을 뜻해요.
(千일천 천, 苦괴로울 고, 萬일만 만, 難어려울 난)

463. 상동감지사 464. 미응은함 465. 잊고있다

그림에 맞는 고사성어를 찾아 줄로 이어 보세요.

줄 잇기

①

467 초지일관
(初처음 초, 志뜻 지, 一하나 일, 貫꿸 관)
처음 세운 뜻을 끝까지 지켜 나간다는 뜻이에요.

②

468 이열치열
(以써 이, 熱더울 열, 治다스릴 치, 熱더울 열)
더위를 뜨거운 열로 다스린다는 뜻이에요.

③

469 조변석개
(朝아침 조, 變변할 변, 夕저녁 석, 改고칠 개)
계획, 결정을 아침저녁으로 자주 바꾼다는 뜻이에요.

467. ③ 468. ① 469. ②

고사성어 파워업!

470 염화미소
(拈집을 염, 華빛날 화, 微작을 미, 笑웃음 소)
석가모니가 사람들 앞에서 말없이 연꽃을 집어 올리자 제자 한 명이 그 뜻을 알아듣고 웃었다는 얘기에서 유래한 말. 말을 하지 않아도 서로 마음을 안다는 뜻이에요.

471 오월동주
(吳나라 이름 오, 越넘을 월, 同한가지 동, 舟배 주)
옛 중국에서 적국이었던 오나라와 월나라 사람이 한 배에 탔는데 풍랑이 일자 서로 협력해야 했다는 이야기에서 비롯된 말. 적이라도 서로 힘을 합쳐야 하는 상황을 뜻해요.

472 외허내실
(外바깥 외, 虛빌 허, 內안 내, 實열매 실)
겉으로는 허술해 보이나 속은 알차다는 뜻이에요.
예) 이 집이 보기와 달리 외허내실이라 여름엔 시원하고 겨울에는 따뜻해요.

473 요산요수
(樂좋아할 요, 山메 산, 樂좋아할 요, 水물 수)
산과 물이 있는 자연 경치를 즐긴다는 뜻이에요.

474 욕속부달
(欲하고자 할 욕, 速빠를 속, 不아닐 부, 達통달할 달)
너무 서두르면 오히려 뜻을 이루기 어렵다는 뜻이에요.

475 우화등선
(羽깃 우, 化될 화, 登오를 등, 仙신선 선)
'날개가 돋아 하늘로 올라가 신선이 된다'는 말. 기분이 좋다는 뜻이에요.

476 음풍농월
(吟읊을 음, 風바람 풍, 弄희롱할 농, 月달 월)
바람과 달을 소재로 시를 짓고 논다는 뜻이에요.
예) 우리 캠핑 가서 음풍농월하며 놀아 볼까?

477 이용후생
(利이로울 이, 用쓸 용, 厚두터울 후, 生날 생)
국민이 편리하게 쓰고 잘 먹고 입게 한다는 뜻이에요.

478 인명재천
(人사람 인, 命목숨 명, 在있을 재, 天하늘 천)
'사람의 목숨은 하늘에 있다'는 말. 사람의 수명을 길거나 짧게 바꿀 수 없다는 뜻이에요.

479	**인사불성** (人사람 인, 事일 사, 不아닐 불, 省살필 성)	뭔 일이 벌어지는지 모를 만큼 의식이 없다는 뜻이에요. 예) 삼촌이 어제 술을 드시고 인사불성이 되셨어.
480	**일구이언** (一하나 일, 口입 구, 二두 이, 言말씀 언)	한 입으로 두 말을 하며 말을 바꾼다는 뜻이에요. 예) 아까는 컴퓨터를 써도 된다고 하고 지금은 안 된다고 일구이언하다니 섭섭해.
481	**일모도원** (日날 일, 暮저물 모, 途길 도, 遠멀 원)	'하루가 저물어 가는데 도착하려면 멀었다'는 말. 할 일은 많은데 시간이 부족하다는 뜻이에요.
482	**일목요연** (一하나 일, 目눈 목, 瞭밝을 요, 然그럴 연)	한 번 보고 알 수 있을 만큼 분명하다는 뜻이에요. 예) 배운 내용을 공책에 일목요연하게 정리했어.
483	**일장춘몽** (一하나 일, 場마당 장, 春봄 춘, 夢꿈 몽)	한바탕의 봄꿈처럼 부귀영화가 덧없다는 뜻이에요. 예) 할머니가 인생이 일장춘몽이라고 하셨어.
484	**일확천금** (一하나 일, 攫움킬 확, 千일천 천, 金쇠 금)	노력 없이 단번에 엄청난 재물을 얻는다는 뜻이에요. 예) 일확천금의 기회만 노리다가 다른 좋은 기회를 놓치기 쉬워.
485	**입춘대길** (立설 입, 春봄 춘, 大큰 대, 吉길할 길)	봄에 좋은 일이 많이 생기길 바라며 써 붙이는 말이에요.
486	**주야장천** (晝낮 주, 夜밤 야, 長길 장, 川내 천)	밤낮 쉬지 않고 흐르는 냇물처럼 계속한다는 뜻이에요. 예) 아빠는 주야장천 할머니 걱정뿐이다.
487	**지록위마** (指가리킬 지, 鹿사슴 록, 爲할 위, 馬말 마)	'사슴을 가리켜 말이라고 한다'는 말. 윗사람을 속여 자기 마음대로 한다는 뜻이에요.
488	**지필연묵** (紙종이 지, 筆붓 필, 硯벼루 연, 墨먹 묵)	종이, 붓, 벼루, 먹을 통틀어 이르는 말이에요. 예) 선비의 방에는 지필연묵이 준비되어 있었다.
489	**천년만년** (千일천 천, 年해 년, 萬일만 만, 年해 년)	아주 오랜 세월을 뜻해요. 예) 네가 천년만년 젊을 것 같니?
490	**천려일득** (千일천 천, 慮생각할 려, 一하나 일, 得얻을 득)	'천 번을 생각하면 한 번 얻는 게 있다'는 말. 아무리 어리석은 사람이라도 생각을 많이 하면 좋은 것 하나는 나온다는 뜻이에요.

491	천려일실 (千일천 천, 慮생각할 려, 一하나 일, 失잃을 실)	'천 번 생각해도 한 번 실수가 생긴다'는 말. 지혜로운 사람이라도 잘못 생각할 수 있다는 뜻이에요.
492	천장지구 (天하늘 천, 長길 장, 地땅 지, 久오랠 구)	하늘과 땅처럼 영원토록 변치 않는다는 뜻이에요.
493	촌철살인 (寸마디 촌, 鐵쇠 철, 殺죽일 살, 人사람 인)	'짧은 쇳조각으로도 사람을 죽일 수 있다'는 말. 한마디 말로 감동을 주거나 약점을 찌른다는 뜻이에요. 예) 그 작가가 쓴 촌철살인의 말에 감동을 받았어.
494	취사선택 (取가질 취, 捨버릴 사, 選가릴 선, 擇가릴 택)	여럿 중 쓸 것은 쓰고 버릴 것은 버린다는 뜻이에요. 예) 기자는 여러 기삿거리를 잘 취사선택해 기사를 써야 해.
495	쾌도난마 (快쾌할 쾌, 刀칼 도, 亂어지러울 난, 麻삼 마)	헝클어진 삼을 잘 드는 칼로 베어 버리듯 어려운 일을 시원하게 잘 해결한다는 뜻이에요. 예) 새로 온 부장은 부서의 문제들을 쾌도난마로 해결했다.
496	패가망신 (敗패할 패, 家집 가, 亡망할 망, 身몸 신)	집안을 망하게 하고 자기 몸도 망친다는 뜻이에요.
497	평지풍파 (平평평할 평, 地땅 지, 風바람 풍, 波물결 파)	'평온하던 땅에 바람과 물결이 인다'는 말. 평온한 때에 갑자기 뜻밖의 문제가 생긴다는 뜻이에요. 예) 괜히 평지풍파 일으키지 말고 얌전히 있으렴.
498	표사유피 (豹표범 표, 死죽을 사, 留머무를 유, 皮가죽 피)	표범은 죽어서 가죽을, 사람은 죽어서 이름을 남긴다는 뜻이에요.
499	풍기문란 (風바람 풍, 紀벼리 기, 紊어지러울 문, 亂어지러울 란)	풍속이나 규범 등을 어기고 어지럽힌다는 뜻이에요. 예) 길에 쓰레기를 함부로 버리거나 큰 소리로 노래를 부르는 등의 풍기문란 행위를 엄히 다스려야 해.
500	하석상대 (下아래 하, 石돌 석, 上위 상, 臺돈대 대)	아랫돌을 빼내어서 위에 괴듯이 내응한다는 뜻이에요.
501	한강투석 (漢한나라 한, 江강 강, 投던질 투, 石돌 석)	'한강에 돌 던지기'라는 말. 아무리 애를 써도 보람이 없는 일을 뜻해요.

502	**한단지보** (邯조나라 서울 한, 鄲조나라 서울 단, 之갈 지, 步걸음 보)	한단이란 도시에 간 사람이 그곳의 걸음걸이를 배우려다 제대로 배우지 못하고 원래 자신의 걸음걸이도 잊어버렸다는 이야기에서 비롯된 말. 자신의 분수를 잊고 남 따라 하다 자기 것도 잃는다는 뜻이에요.
503	**홍익인간** (弘클 홍, 益더할 익, 人사람 인, 間사이 간)	널리 인간을 이롭게 한다는 뜻이에요.
504	**황당무계** (荒거칠 황, 唐당나라 당, 無없을 무, 稽상고할 계)	말과 행동이 참되지 않고 터무니없다는 뜻이에요. 예) 이런 황당무계한 일을 벌일 사람은 그 아저씨밖에 없어.
505	**흥망성쇠** (興일어날 흥, 亡망할 망, 盛성할 성, 衰쇠할 쇠)	흥함과 멸망, 번성과 쇠퇴라는 뜻이에요. 예) 역사 속 여러 나라의 흥망성쇠를 공부하다 보면 앞으로 우리나라가 어떻게 하면 좋을지 알게 돼.

★ 정답 ★

8-9쪽

10-11쪽

★ 정답 ★

12-13쪽

14-15쪽

16-17쪽

18-19쪽

20-21쪽

22-23쪽

24-25쪽

26-27쪽

36-37쪽

스피드 고사성어 퀴즈!

※ 각 고사성어 오른쪽에 쓰인 번호는 본책 속 고사성어 번호입니다.

491 호구지 ☐ : 입에 풀칠하며 먹고사는 방책 445

492 호시 ☐ 탐 : 호랑이가 노리듯 기회를 엿본다. 15

493 호연지 ☐ : 넓은 마음과 씩씩한 기운 374

494 홍익 ☐ 간 : 널리 인간을 이롭게 한다. 503

495 화 ☐ 점정 : 중요한 부분을 마쳐 일을 완성한다. 272

496 화사첨 ☐ : 필요 없는 걸 덧붙여 일을 망친다. 275

497 화 ☐ 지병 : 마음에 들어도 가질 수 없다. 321

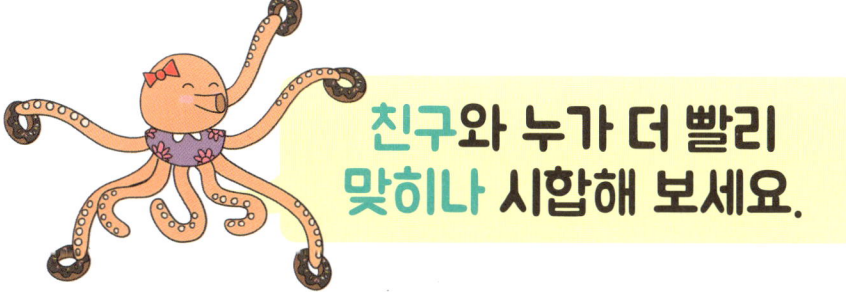

친구와 누가 더 빨리 **맞히나** 시합해 보세요.

고사성어 빈칸에 들어갈 말은 무엇일까요?

484 한단지 ☐ : 남 따라 하다 자기 것도 잃는다. 502

485 함 ☐ 차사 : 심부름을 갔다가 안 오는 사람 422

486 해후상 ☐ : 오랜만에 우연히 서로 다시 만난다. 297

487 현 ☐ 양처 : 어진 어머니이자 착한 아내 111

488 혈 ☐ 단신 : 홀몸으로 의지할 데 없다. 427

489 형설지 ☐ : 힘든 상황에서도 꾸준히 공부한다. 84

490 ☐ 가호위 : 남의 위세를 빌려 자신만만하다. 281

스피드 고사성어 퀴즈!

※ 각 고사성어 오른쪽에 쓰인 번호는 본책 속 고사성어 번호입니다.

477 풍☐등화 : 바람 앞 등잔불처럼 위험한 상황 116

478 풍찬노☐ : 바람과 이슬을 맞으며 밖에서 잔다. 201

479 필부☐부 : 평범한 남자와 여자 162

480 하☐상대 : 아랫돌 빼서 위에 괴듯 대응한다. 500

481 학수고☐ : 학이 머리를 빼고 기다리듯 한다. 443

482 학이시☐ : 배우고 때때로 익힌다. 114

483 한☐투석 : 아무리 애를 써도 보람이 없는 일 501

**친구와 누가 더 빨리
맞히나 시합해 보세요.**

고사성어 빈칸에 들어갈 말은 무엇일까요?

470 팔방☐인 : 여러 방면에 재주가 있는 사람 161

471 패가☐신 : 집안과 자기 몸을 망하게 한다. 496

472 평지풍☐ : 갑자기 뜻밖의 문제가 생긴다. 497

473 표리부☐ : 행동과 속마음이 같지 않다. 108

474 표☐유피 : 표범은 가죽, 사람은 이름을 남긴다. 498

475 풍기☐란 : 풍속이나 규범을 어기고 어지럽힌다. 499

476 풍비박☐ : 바람에 우박 날리듯 흩어진다. 377

스피드 고사성어 퀴즈!

※ 각 고사성어 오른쪽에 쓰인 번호는 본책 속 고사성어 번호입니다.

463 칠전☐기 : 7번 넘어져도 8번째 일어난다. 215

464 침☐봉대 : 작은 일을 큰일인 양 떠벌린다. 360

465 쾌도☐마 : 어려운 일을 시원하게 잘 해결한다. 495

466 타☐지석 : 남의 잘못을 보고 나를 가다듬는다. 264

467 태평성☐ : 어진 임금이 다스리는 태평한 시대 313

468 토☐구팽 : 실컷 부려 먹다 필요 없으면 버린다. 44

469 파죽지☐ : 거침없이 쳐들어가는 모습 231

친구와 누가 더 빨리 맞히나 시합해 보세요.

고사성어 빈칸에 들어갈 말은 무엇일까요?

456 초지일 ☐ : 처음 세운 뜻을 끝까지 지켜 나간다. 467

457 촌철 ☐ 인 : 말로 감동을 주거나 약점을 찌른다. 493

458 추처낭 ☐ : 송곳 같은 뛰어남은 저절로 드러난다. 71

459 춘 ☐ 추동 : 봄, 여름, 가을, 겨울의 사계절 261

460 충 ☐ 역이 : 충직하고 바른 말은 귀에 거슬린다. 273

461 취사 ☐ 택 : 쓸 것은 쓰고 버릴 것은 버린다. 494

462 측은지 ☐ : 남의 불행을 불쌍히 여기는 마음 205

스피드 고사성어 퀴즈!

※ 각 고사성어 오른쪽에 쓰인 번호는 본책 속 고사성어 번호입니다.

449 천하태[ ] : 걱정 없이 마음 편하게 있다. 93

450 철중[ ]쟁 : 여럿 중에서 가장 뛰어나다. 421

451 철천지[ ] : 하늘까지 사무치는 큰 원한 176

452 청렴[ ]백 : 마음이 깨끗하고 욕심이 없다. 99

453 청[ ]낙도 : 욕심 없이 가난한 것을 즐거워한다. 177

454 초[ ]삼간 : 세 칸 초가처럼 아주 작은 집 440

455 [ ]록동색 : 처지가 비슷한 사람끼리 어울린다. 185

친구와 누가 더 빨리 맞히나 시합해 보세요.

고사성어 빈칸에 들어갈 말은 무엇일까요?

442 천인단☐ : 천 길 높이의 깎아지른 벼랑 258

443 천자☐홍 : 알록달록 여러 가지 꽃의 빛깔 259

444 천장지☐ : 하늘과 땅처럼 변치 않는다. 492

445 천재일☐ : 천 년에 한 번 만나는 좋은 기회 345

446 ☐정배필 : 하늘이 정해 준 한 쌍의 부부 58

447 천편☐률 : 천 권의 책이 개성 없이 다 비슷하다. 317

448 천하만☐ : 세상에 있는 모든 나라 260

정답 435. 리 436. 다 437. 추 438. 장 439. 문 440. 고 441. 인 442. 애 443. 야 444. 구 445. 우 446. 천 447. 일 448. 국

스피드 고사성어 퀴즈!

※ 각 고사성어 오른쪽에 쓰인 번호는 본책 속 고사성어 번호입니다.

435 천□안 : 천 리 밖을 내다보고 꿰뚫어 보는 눈 72

436 천만□행 : 천 번, 만 번 너무나 다행스럽다. 123

437 천방지□ : 성급히 덤벙대는 모습 296

438 □상천하 : 하늘 위와 아래의 온 세상 257

439 천생연□ : 어울리는 연인이나 부부 17

440 천신만□ : 온갖 어려움을 겪으며 고생한다. 424

441 천□무봉 : 꾸민 데 없이 자연스럽고 흠 없다. 120

친구와 누가 더 빨리
맞히나 시합해 보세요.

고사성어 빈칸에 들어갈 말은 무엇일까요?

428 진퇴유☐ : 나아가지도 물러나지도 못한다. 230

429 천☐마비 : 하늘이 높고 말이 살찌는 가을철 322

430 천고☐난 : 천 가지 괴로움과 만 가지 고난 465

431 천☐만마 : 천 명의 군사와 만 마리의 말 283

432 천년만☐ : 아주 오랜 세월 489

433 천려☐득 : 천 번을 생각하면 한 번 얻는 게 있다. 490

434 ☐려일실 : 지혜로운 사람이라도 잘못할 수 있다. 491

스피드 고사성어 퀴즈!

※ 각 고사성어 오른쪽에 쓰인 번호는 본책 속 고사성어 번호입니다.

421 지☐지교 : 난초처럼 향기롭게 사귀는 우정 428

422 지록위☐ : 윗사람을 속여 자기 마음대로 한다. 487

423 지부작☐ : 믿었던 사람에게 배신당한다. 132

424 ☐피지기 : 적의 사정과 자신의 상황을 잘 안다. 223

425 지☐연묵 : 종이, 붓, 벼루, 먹 488

426 지행☐치 : 아는 대로 행동한다. 385

427 진☐양난 : 나아갈 수도 물러설 수도 없는 처지 383

친구와 누가 더 빨리 맞히나 시합해 보세요.

고사성어 빈칸에 들어갈 말은 무엇일까요?

414 ☐마가편 : 최선을 다해도 더 잘하라고 한다. 142

415 주☐간산 : 말 타고 달리며 구경하듯 대충 본다. 221

416 주☐장천 : 밤낮 흐르는 냇물처럼 계속한다. 486

417 주이☐야 : 낮이나 밤이나 쉬지 않고 일한다. 77

418 죽☐고우 : 죽마를 타고 놀던 옛 친구 5

419 중과부☐ : 적은 사람은 많은 사람을 못 이긴다. 229

420 지기지☐ : 내 마음을 잘 알아주는 친구 53

스피드 고사성어 퀴즈!

※ 각 고사성어 오른쪽에 쓰인 번호는 본책 속 고사성어 번호입니다.

407 존[　]지추 : 사느냐 망하느냐가 걸린 중요한 시기 319

408 좌견[　]리 : 앉아서 천 리를 보듯 앞일을 안다. 188

409 좌불[　]석 : 편히 앉아 있지 못하고 불안해한다. 210

410 좌정관[　] : 우물 안에서 하늘 보듯 생각이 좁다. 357

411 좌[　]우돌 : 왼쪽, 오른쪽으로 마구 부딪친다. 202

412 주[　]전도 : 중요한 것과 덜 중요한 것이 바뀐다. 358

413 주경야[　] : 낮엔 밭 갈고 밤엔 책을 읽는다. 213

친구와 누가 더 빨리
맞히나 시합해 보세요.

고사성어 빈칸에 들어갈 말은 무엇일까요?

400 조강지 ☐ : 가난할 때 함께했던 아내 20

401 조개모 ☐ : 아침저녁으로 계획을 바꾼다. 294

402 조령 ☐ 개 : 아침저녁으로 법령을 바꾼다. 295

403 ☐ 변석개 : 결정을 아침저녁으로 바꾼다. 469

404 조 ☐ 모사 : 잔꾀를 부려 남을 놀리는 경우 450

405 조 ☐ 정성 : 아침저녁으로 부모를 돌본다. 62

406 조실부 ☐ : 어릴 때 부모를 여의었다. 160

답 400. 처 401. 변 402. 모 403. 조 404. 삼 405. 석 406. 모
정 393. 추 394. 의 395. 가 396. 쟁 397. 신 398. 경 399. 기

스피드 고사성어 퀴즈!

※ 각 고사성어 오른쪽에 쓰인 번호는 본책 속 고사성어 번호입니다.

393 전전반☐ : 몸을 뒤척이며 잠을 이루지 못하다. 293

394 전화☐복 : 걱정거리가 오히려 복이 된다. 222

395 절세☐인 : 세상에 견줄 사람이 없는 미인 159

396 ☐차탁마 : 열심히 실력과 인격을 갈고닦는다. 140

397 절치부☐ : 몹시 분해 이를 갈며 속을 썩인다. 175

398 정☐당당 : 태도나 수단이 정당하며 떳떳하다. 337

399 정중☐와 : 우물 안 개구리같이 뭘 모르는 사람 43

친구와 누가 더 빨리 맞히나 시합해 보세요.

고사성어 빈칸에 들어갈 말은 무엇일까요?

386 적수성☐ : 작은 물방울이 모여 연못을 이룬다. 66

387 ☐자생존 : 환경에 맞는 것만 살아 남는다. 299

388 적토☐산 : 작은 흙먼지가 모여 산이 된다. 67

389 전대미☐ : 전에 들은 적 없는 놀랍고 새로운 일 216

390 전심☐력 : 온 마음과 온 힘을 다 기울인다. 39

391 전인☐답 : 아직 아무도 가 보지 않았다. 255

392 전전긍☐ : 몹시 두려워 떨면서 조심한다. 364

스피드 고사성어 퀴즈!

※ 각 고사성어 오른쪽에 쓰인 번호는 본책 속 고사성어 번호입니다.

379 자화자 ☐ : 자기가 한 일을 스스로 칭찬한다. 104

380 작심 ☐ 일 : 결심이 삼 일을 못 갈 정도로 약하다. 280

381 장삼 ☐ 사 : 장씨, 이씨처럼 평범한 사람 158

382 장유유 ☐ : 어른과 아이는 서로 배려해야 한다. 203

383 적막 ☐ 산 : 아주 조용하고 쓸쓸한 풍경 256

384 적반하 ☐ : 잘못한 이가 잘못 없는 이를 나무란다. 356

385 적 ☐ 성대 : 작은 것도 쌓이면 크게 된다. 65

**친구와 누가 더 빨리
맞히나 시합해 보세요.**

고사성어 빈칸에 들어갈 말은 무엇일까요?

372 입☐양명 : 출세해 몸을 세우고 이름을 날린다. 35

373 입춘대☐ : 봄에 좋은 일이 생기라고 써 놓는 말 485

374 자강불☐ : 스스로 힘써 쉬지 않고 노력한다. 76

375 자☐지심 : 자기가 한 일에 만족하지 못하다. 339

376 자기반☐ : 자신에게 잘못이 없는지 살핀다. 303

377 자업☐득 : 자기가 저지른 일의 결과를 겪는다. 331

378 ☐포자기 : 자신을 스스로 해치고 버린다. 14

스피드 고사성어 퀴즈!

※ 각 고사성어 오른쪽에 쓰인 번호는 본책 속 고사성어 번호입니다.

365 일장 ☐ 몽 : 한바탕의 봄꿈처럼 덧없다. 483

366 일 ☐ 일획 : 글자의 한 점 한 획처럼 작은 부분 181

367 일촉즉 ☐ : 금세 폭발할 듯 위급한 상황 122

368 일취 ☐ 장 : 날마다 달마다 크게 발전한다. 379

369 일확 ☐ 금 : 노력 없이 단번에 재물을 얻는다. 484

370 임기 ☐ 변 : 상황에 따라 맞추어 행동한다. 454

371 임전무 ☐ : 싸움에 나가서 물러서지 않는다. 145

친구와 누가 더 빨리 맞히나 시합해 보세요.

고사성어 빈칸에 들어갈 말은 무엇일까요?

358 일사 ☐ 리 : 강물이 천 리를 가듯 빠르다. 434

359 일 ☐ 일대 : 나고 자라 죽을 때까지의 일평생 441

360 일석 ☐ 조 : 한 가지 일로 두 가지 이득을 본다. 330

361 ☐ 심동체 : 마음을 합쳐서 한몸처럼 된다. 378

362 일이관 ☐ : 처음부터 끝까지 한결같다. 241

363 일 ☐ 무식 : 한 글자도 모를 정도로 무식하다. 323

364 일자 ☐ 금 : 글자 하나가 천금의 가치가 있다. 180

스피드 고사성어 퀴즈!

※ 각 고사성어 오른쪽에 쓰인 번호는 본책 속 고사성어 번호입니다.

351 일거☐득 : 한 가지 일로 두 가지 이익을 얻는다. 369

352 일구☐언 : 한 입으로 두말하며 말을 바꾼다. 480

353 ☐망타진 : 어떤 무리를 단번에 모두 잡는다. 196

354 일모도☐ : 할 일은 많은데 시간이 부족하다. 481

355 일목☐연 : 한 번 보면 알 만큼 분명하다. 482

356 일문☐지 : 한 글자도 모른다. 179

357 일☐백계 : 한 명을 벌줘 백 명이 조심하게 한다. 209

친구와 누가 더 빨리
맞히나 시합해 보세요.

고사성어 빈칸에 들어갈 말은 무엇일까요?

344 인과응☐ : 자기의 행동에 대한 대가를 받는다. 352

345 인면☐심 : 마음이나 행동이 짐승처럼 악하다. 95

346 ☐명재천 : 사람의 수명을 바꿀 수 없다. 478

347 인사불☐ : 아무것도 모를 만큼 의식이 없다. 479

348 인산☐해 : 사람들이 산과 바다처럼 많이 모였다. 365

349 인지상☐ : 누구나 가지는 마음과 감정 348

350 일☐천금 : 짧은 시간도 금처럼 소중하다. 208

스피드 고사성어 퀴즈!

※ 각 고사성어 오른쪽에 쓰인 번호는 본책 속 고사성어 번호입니다.

337 이구동 ☐ : 여러 사람이 같은 의견을 낸다. 367

338 이란 ☐ 석 : 약자가 강자에 맞서는 어리석음 131

339 이실직 ☐ : 있는 사실을 그대로 말한다. 102

340 이 ☐ 전심 : 두 사람이 서로 마음이 통한다. 265

341 이 ☐ 치열 : 더위를 뜨거운 열로 다스린다. 468

342 ☐ 용후생 : 국민이 편리하게 쓰고 잘살게 한다. 477

343 이전투 ☐ : 진흙탕 속 개처럼 비열하게 싸운다. 457

친구와 누가 더 빨리
맞히나 시합해 보세요.

고사성어 빈칸에 들어갈 말은 무엇일까요?

330 유비무☐ : 준비하면 나중에 근심거리가 없다. 193

331 ☐유상종 : 비슷한 사람끼리 어울린다. 6

332 유유자☐ : 자유롭고 조용하게 편안히 산다. 285

333 은인자☐ : 숨어 견디면서 신중히 행동한다. 240

334 을☐지람 : 임금이 밤에 책을 읽는 일 81

335 음풍농☐ : 바람과 달을 노래하며 논다. 476

336 읍참☐속 : 인재라도 큰 뜻을 위해 버린다. 462

정답 323. 시, 324. 유, 325. 눈, 326. 이, 327. 부, 328. 유, 329. 수 답 330. 환, 331. 유, 332. 적, 333. 중, 334. 야, 335. 월, 336. 마

스피드 고사성어 퀴즈!

※ 각 고사성어 오른쪽에 쓰인 번호는 본책 속 고사성어 번호입니다.

323 우화등☐ : 날개가 돋아 나는 신선이 된다. 475

324 원☐지계 : 원앙처럼 사이좋은 부부 사이 42

325 월광☐서 : 달빛으로 책을 읽듯 어렵게 공부한다. 80

326 월하노☐ : 부부의 인연을 맺어 주는 중매인 157

327 위기일☐ : 막 끊기기 직전처럼 위험한 상황 430

328 위풍☐당 : 모습이 늠름하고 당당하다. 16

329 유구☐언 : 입은 있지만 변명조차 할 수 없다. 271

친구와 누가 더 빨리 맞히나 시합해 보세요.

고사성어 빈칸에 들어갈 말은 무엇일까요?

316 용두사 ☐ : 거창히 시작했다가 흐지부지 끝난다. 126

317 ☐ 호상박 : 용과 호랑이처럼 강자끼리 싸운다. 182

318 우공이 ☐ : 어리석어 보여도 노력하면 성공한다. 37

319 우문 ☐ 답 : 어리석은 질문에 현명한 대답 292

320 우여곡 ☐ : 이리 저리 꺾이고 굽은 복잡한 상황 444

321 ☐ 왕좌왕 : 오른쪽 왼쪽으로 헤매는 모습 343

322 우이독 ☐ : 소 귀에 경 읽듯 못 알아듣는다 220

정 309, 등 310, 재 311, 매 312, 하 313, 물 314, 시 315, 운 답 316, 미 317, 산 318, 현 319, 절 320, 좌 321, 경 322, 절

스피드 고사성어 퀴즈!

※ 각 고사성어 오른쪽에 쓰인 번호는 본책 속 고사성어 번호입니다.

309 와신상☐ : 목표를 위해 어려움을 참고 견딘다. 269

310 왕좌지☐ : 임금을 도울 만한 재능 70

311 외유☐강 : 겉은 부드러워 보이나 속은 굳세다. 96

312 외☐내실 : 겉은 허술해 보이나 속은 알차다. 472

313 요산☐수 : 산과 물이 있는 자연 경치를 즐긴다. 473

314 요순☐절 : 요임금과 순임금 때의 태평한 시절 312

315 욕속부☐ : 너무 서두르면 뜻을 이루기 어렵다. 474

친구와 누가 더 빨리
맞히나 시합해 보세요.

고사성어 빈칸에 들어갈 말은 무엇일까요?

302 오 ☐ 무중 : 오 리 안개 속처럼 전혀 알 수 없다. 442

303 오매불 ☐ : 자나 깨나 잊지 못한다. 13

304 오비이 ☐ : 서로 상관 없는 일로 오해받는다. 129

305 오십 ☐ 백보 : 작은 차이가 있지만 거의 같다. 354

306 ☐ 월동주 : 적이라도 힘을 합쳐야 하는 상황 471

307 오합지 ☐ : 까마귀가 모인 듯 질서 없는 군사들 466

308 온 ☐ 지신 : 옛것을 익혀 새로운 것을 알게 된다. 362

스피드 고사성어 퀴즈!

※ 각 고사성어 오른쪽에 쓰인 번호는 본책 속 고사성어 번호입니다.

295 언중☐골 : 누군가 한 말 속에 숨은 뜻이 있다. 2

296 엄동설☐ : 눈 내리는 겨울의 심한 추위 189

297 엄부자☐ : 엄한 아버지와 자애로운 어머니 61

298 여리☐빙 : 살얼음을 밟듯이 매우 위험하다. 318

299 여유☐만 : 느긋하고 차분한 마음이 가득하다. 89

300 역☐사지 : 상대방의 입장에서 생각한다. 355

301 염화미☐ : 말을 하지 않아도 서로 마음을 안다. 470

친구와 누가 더 빨리 맞히나 시합해 보세요.

고사성어 빈칸에 들어갈 말은 무엇일까요?

288 압 ☐   : 여럿 중에 가장 뛰어난 것 198

289 양상군 ☐ : 도둑을 일컫는 말 455

290 양 ☐ 고구 : 좋은 약처럼 이로운 충고는 언짢다. 420

291 양자 ☐ 일 : 둘 중 하나를 선택한다. 225

292 어부지 ☐ : 남이 싸우는 사이에 이익을 본다. 219

293 어불성 ☐ : 말이 이치에 안 맞는다. 3

294 억 ☐ 창생 : 수많은 백성 156

정답 281. 득 282. 사 283. 사 284. 곤 285. 비 286. 인 287. 새 옹 288. 권 289. 지 290. 약 291. 택 292. 리 293. 설 294. 조

스피드 고사성어 퀴즈!

※ 각 고사성어 오른쪽에 쓰인 번호는 본책 속 고사성어 번호입니다.

281 악전고☐ : 어려운 상황에서 고생하며 싸운다. 461

282 안거위☐ : 편할 때 위험을 준비해야 한다. 301

283 안☐지족 : 편안하게 분수를 지키며 만족한다. 419

284 안불☐위 : 편할 때도 위험할 때를 잊지 않는다. 302

285 안☐낙도 : 가난해도 편한 마음으로 도를 지킨다. 87

286 안하무☐ : 눈 아래 사람이 없다는 듯 교만하다. 119

287 암중모☐ : 어림짐작으로 뭔가를 찾는다. 291

친구와 누가 더 빨리 맞히나 시합해 보세요.

고사성어 빈칸에 들어갈 말은 무엇일까요?

274 심⬜숙고 : 깊고 충분히 신중하게 생각한다. 329

275 십벌지⬜ : 여러 번 계속하면 일이 이루어진다. 143

276 ⬜시일반 : 여럿이 힘을 합해 누군가를 돕는다. 340

277 십인⬜색 : 사람마다 모습, 생각이 서로 다르다. 204

278 십⬜팔구 : 열 중 여덟, 아홉 정도로 틀림없다. 282

279 아연실⬜ : 뜻밖의 일에 놀라 얼굴색이 변한다. 174

280 아전인⬜ : 자신에게 유리하게 생각한다. 253

스피드 고사성어 퀴즈!

※ 각 고사성어 오른쪽에 쓰인 번호는 본책 속 고사성어 번호입니다.

267 시비지⬜ : 옳고 그름을 구분하는 마음 117

268 ⬜시비비 : 옳은지 그른지 다투어 가린다. 351

269 시종일⬜ : 처음부터 끝까지 한결같이 한다. 371

270 식자우⬜ : 지식 때문에 근심거리가 생긴다. 173

271 신출⬜몰 : 자유롭게 나타났다 사라진다. 138

272 실사⬜시 : 객관적인 사실로써 진리를 찾는다. 418

273 심⬜일전 : 마음 자세를 바꿔 완전히 달라진다. 437

친구와 누가 더 빨리 **맞히나** 시합해 보세요.

고사성어 빈칸에 들어갈 말은 무엇일까요?

260 수구초⬜ : 고향을 그리워하는 마음 92

261 수수⬜관 : 어떤 일을 팔짱 끼고 보기만 한다. 224

262 수⬜지교 : 물과 물고기처럼 친한 사이 52

263 수⬜망극 : 받은 은혜가 한없이 크다. 307

264 수적⬜천 : 물방울처럼 작은 힘으로 이룬다. 113

265 순망치⬜ : 한쪽이 망하면 다른 쪽도 끝장난다. 279

266 시기상⬜ : 아직 좋은 때가 아니다. 368

스피드 고사성어 퀴즈!

※ 각 고사성어 오른쪽에 쓰인 번호는 본책 속 고사성어 번호입니다.

253 세☐만사 : 세상에서 일어나는 여러 가지 일 254

254 세한☐우 : 추위에 강한 소나무, 대나무, 매화나무 416

255 소이부☐ : 웃기만 하고 대답을 안 한다. 290

256 소☐대실 : 작은 것을 탐내다 큰 것을 잃는다. 278

257 속수무☐ : 손이 묶인 듯 아무것도 할 수 없다. 194

258 솔☐수범 : 앞장서서 본을 보인다. 349

259 송구영☐ : 묵은해를 보내고 새로운 해를 맞는다. 417

친구와 누가 더 빨리 맞히나 시합해 보세요.

고사성어 빈칸에 들어갈 말은 무엇일까요?

246 선남☐녀 : 착하고 평범한 남자들과 여자들 153

247 선의☐리 : 먼저 의를 따르고 이익을 뒤로한다. 238

248 설상가☐ : 눈 위에 서리처럼 어려운 일이 겹친다. 376

249 설중송☐ : 소나무처럼 신념이 강한 사람 154

250 섬섬☐수 : 가느다랗고 고운 손 155

251 성동격☐ : 동쪽에서 소리 내고 서쪽에서 친다. 463

252 성심☐의 : 참되고 성실한 마음 239

스피드 고사성어 퀴즈!

※ 각 고사성어 오른쪽에 쓰인 번호는 본책 속 고사성어 번호입니다.

239 상부☐조 : 서로서로 돕는다. 447

240 상선약☐ : 지극히 착한 것은 물과 같다. 415

241 상전벽☐ : 뽕밭이 바다가 되듯 세상이 변한다. 268

242 새☐지마 : 좋은 일, 나쁜 일은 늘 변한다. 373

243 생자☐멸 : 생명이 있는 것은 반드시 죽는다. 195

244 석고대☐ : 스스로 벌받기를 기다린다. 342

245 선☐지명 : 앞으로 어떤 일이 생길지 아는 지혜 381

친구와 누가 더 빨리 맞히나 시합해 보세요.

고사성어 빈칸에 들어갈 말은 무엇일까요?

232 산천초☐ : 산과 내, 풀과 나무인 자연 253

233 살☐성인 : 자신을 희생하여 옳은 일을 한다. 370

234 삼고초☐ : 인재를 얻으려 끈기 있게 노력한다. 277

235 삼매☐ : 잡념 없이 하나에 집중하는 경지 79

236 삼삼☐오 : 여기저기 3~5명씩 모인 모양 29

237 삼☐성호 : 여럿이 말하면 진실로 믿는다. 446

238 상명하☐ : 윗사람의 명령에 아랫사람이 따른다. 289

정답 225. 약 226. 자 227. 홀 228. 사 229. 문 230. 신 231. 공 232. 목 233. 신 234. 려 235. 경 236. 오 237. 인 238. 복

스피드 고사성어 퀴즈!

※ 각 고사성어 오른쪽에 쓰인 번호는 본책 속 고사성어 번호입니다.

225 사 ☐ 지심 : 남에게 사양하고 양보하는 마음 172

226 사 ☐ 후 : 사자처럼 크고 우렁차게 말한다. 197

227 사 ☐ 팔달 : 사방으로 길이 통해 있어 막힘없다. 426

228 ☐ 필귀정 : 일은 바르게 돌아가게 돼 있다. 276

229 사후약방 ☐ : 일이 잘못된 뒤에 뉘우쳐도 소용없다. 316

230 ☐ 명수려 : 산과 물이 맑고 고운 자연 252

231 산전수 ☐ : 세상의 고생을 다 겪는다. 263

친구와 누가 더 빨리
맞히나 시합해 보세요.

고사성어 빈칸에 들어갈 말은 무엇일까요?

218 사☐초가 : 아무 도움을 못 받는 고립된 상황 326

219 사면☐풍 : 봄바람처럼 누구에게나 친절하다. 413

220 사방팔☐ : 여기저기 모든 방면이나 방향 251

221 ☐상누각 : 모래 위 집처럼 기초가 약하다. 375

222 사생결☐ : 죽든지 살든지 상관 않고 끝장낸다. 366

223 사☐장춘 : 어느 계절이나 늘 봄같이 잘 지낸다. 414

224 사시춘☐ : 누구에게나 봄바람처럼 늘 친절하다. 237

스피드 고사성어 퀴즈!

※ 각 고사성어 오른쪽에 쓰인 번호는 본책 속 고사성어 번호입니다.

211 비☐강개 : 슬프고 분한 마음이 강하다. 170

212 비육지☐ : 때를 못 만난 것을 한탄하다. 171

213 ☐일비재 : 같은 일이 여러 번 일어난다. 436

214 빈천지☐ : 가난할 때 사귄 친구 51

215 사고무☐ : 의지할 사람이 없는 외로운 처지 412

216 사대☐상 : 생각 없이 강한 존재만 섬기는 사상 300

217 ☐리사욕 : 사사로운 개인의 이익과 욕심 347

친구와 누가 더 빨리 맞히나 시합해 보세요.

고사성어 빈칸에 들어갈 말은 무엇일까요?

204 불분주 ☐ : 밤낮을 가리지 않고 열심히 한다. 75

205 ☐ 세출 : 세상에서 보기 드물게 뛰어나다. 460

206 불요불 ☐ : 뜻을 결코 굽히지 않는다. 236

207 불철 ☐ 야 : 밤낮없이 쉬지 않고 일에 힘쓴다. 207

208 불치하 ☐ : 부끄러워 않고 아랫사람에게 묻는다. 64

209 붕우유 ☐ : 친구 사이에 믿음이 있어야 한다. 50

210 비 ☐ 사몽 : 잠을 자는지 깨어 있는지 모르는 상태 328

스피드 고사성어 퀴즈!

※ 각 고사성어 오른쪽에 쓰인 번호는 본책 속 고사성어 번호입니다.

197 부◻유친 : 부모 자식은 서로 공경해야 한다. 19

198 부창부◻ : 남편이 주장하고 아내가 따르는 도리 57

199 부화뇌◻ : 남 하는 대로 따라 한다. 137

200 분◻쇄신 : 몸이 부서지게 열심히 한다. 267

201 분기충◻ : 분한 마음이 하늘을 찌를 듯하다. 169

202 ◻구대천 : 같은 하늘 아래 살 수 없다. 410

203 불◻장생 : 늙지 않고 오래 산다. 411

친구와 누가 더 빨리 맞히나 시합해 보세요.

고사성어 빈칸에 들어갈 말은 무엇일까요?

190 별유천 ☐ : 경치나 분위기가 유별나게 좋은 곳 250

191 병가 ☐ 사 : 실패는 늘 있으니 실망하지 마라. 125

192 보원이 ☐ : 원한을 덕으로 갚는다. 306

193 복지 ☐ 동 : 몸을 사리며 할 일을 하지 않는다. 235

194 본말 ☐ 도 : 중요한 일과 사소한 일이 뒤바뀐다. 315

195 부 ☐ 지정 : 부부 사이의 애정 56

196 부위자 ☐ : 아들은 아버지를 섬겨야 한다. 60

스피드 고사성어 퀴즈!

※ 각 고사성어 오른쪽에 쓰인 번호는 본책 속 고사성어 번호입니다.

183 백☐백색 : 사람들이 저마다 다 다르다. 152

184 백일☐ : 낮에 꾸는 꿈처럼 헛된 공상 409

185 백전☐승 : 백 번 싸워 백 번 이기듯 매번 이긴다. 363

186 백전불☐ : 백 번 싸워서 지는 적이 없다. 206

187 백절☐굴 : 어떤 어려움에도 굽히지 않는다. 40

188 ☐절불요 : 백 번의 어려움에도 굽히지 않는다. 74

189 백척간☐ : 긴 장대 위에 서 있듯 위태로운 지경 118

친구와 누가 더 빨리 맞히나 시합해 보세요.

고사성어 빈칸에 들어갈 말은 무엇일까요?

176 백년대□ : 먼 미래를 내다보고 세우는 큰 계획 284

177 □년해로 : 부부가 함께 늙어 간다. 458

178 백면서□ : 세상일을 모른 채 책만 읽는 사람 151

179 백문불여일□ : 무엇이든지 경험해 보아야 안다. 22

180 □미 : 여럿 중 뛰어난 사람이나 물건 26

181 백발백□ : 백 번 쏘면 백 번 맞히듯 틀림없다. 325

182 백□민족 : 예부터 흰 옷을 입은 우리 민족 32

정답 169. 등 170. 불 171. 원 172. 수 173. 승 174. ний 175. 연 륙 176. 계 177. 백 178. 생 179. 견 교 180. 백 181. 백 182. 의

스피드 고사성어 퀴즈!

※ 각 고사성어 오른쪽에 쓰인 번호는 본책 속 고사성어 번호입니다.

169 반포보☐ : 자식이 커서 은혜에 보답한다. 59

170 반☐지효 : 자식이 커서 부모에게 효도한다. 18

171 발본색☐ : 좋지 않은 일의 원인을 뿌리 뽑는다. 350

172 배☐진 : 물러서지 않는다는 마음으로 일한다. 451

173 배☐망덕 : 은혜를 잊고 오히려 배신한다. 270

174 백골☐망 : 죽어서도 잊지 못할 큰 은혜 335

175 백년가☐ : 백 년 동안 부부로 함께한다는 약속 55

친구와 누가 더 빨리
맞히나 시합해 보세요.

고사성어 빈칸에 들어갈 말은 무엇일까요?

162 미☐책 : 바늘로 꿰매듯 임시로 해결하는 꾀 212

163 미증☐ : 일찍이 한 번도 있었던 적이 없다. 464

164 민심☐상 : 민심은 일정치 않고 변한다. 408

165 박장대☐ : 박수를 치며 크게 웃는다. 334

166 박☐다식 : 많이 배워서 아는 게 많다. 21

167 반면교☐ : 다른 사람의 잘못에서 배운다. 68

168 반신☐의 : 반은 믿고 반은 의심한다. 90

정답 155. 용 156. 시 157. 자 158. 반 159. 상 160. 폐 161. 견 162. 봉 163. 유 164. 무 165. 소 166. 학 167. 사 168. 반

스피드 고사성어 퀴즈!

※ 각 고사성어 오른쪽에 쓰인 번호는 본책 속 고사성어 번호입니다.

155 무☐지물 : 쓸모없는 물건이나 사람 274

156 무위도☐ : 아무것도 안 하고 놀고먹는다. 288

157 무위☐연 : 사람의 힘을 더하지 않은 자연 407

158 문☐사우 : 선비가 쓰는 종이, 붓, 먹, 벼루 83

159 문일지☐ : 하나를 들으면 열을 안다. 191

160 문전☐식 : 남의 문 앞을 돌아다니며 빌어먹는다. 439

161 문☐성시 : 문 앞에 사람이 많이 찾아오는 모습 341

친구와 누가 더 빨리 맞히나 시합해 보세요.

고사성어 빈칸에 들어갈 말은 무엇일까요?

148 목전지□ : 눈앞의 것만 생각한 계획 405

149 무념□상 : 자신을 잊을 만큼 생각이 없어진다. 200

150 □릉도원 : 아주 살기 좋은 이상적인 곳 249

151 무불□달 : 모르는 것 없이 다 안다. 406

152 무사□평 : 아무 탈 없이 편안하다. 168

153 무소부□ : 모르는 게 없다. 324

154 무염지□ : 만족할 줄 모르는 끝없는 욕심 234

스피드 고사성어 퀴즈!

※ 각 고사성어 오른쪽에 쓰인 번호는 본책 속 고사성어 번호입니다.

141 명 ☐ 대천 : 경치 좋고 이름난 산과 내 248

142 명승고 ☐ : 뛰어난 경치와 역사적 유적 190

143 명실 ☐ 부 : 알려진 것과 실상이 들어맞는다. 107

144 명심불 ☐ : 마음에 새기어 오래도록 잊지 않는다. 403

145 명약관 ☐ : 불을 보듯 분명하고 뻔하다. 314

146 목불 ☐ 정 : 글자를 전혀 읽지 못한다. 178

147 목불인 ☐ : 상황이 비참하거나 꼴불견이다. 404

친구와 누가 더 빨리
맞히나 시합해 보세요.

고사성어 빈칸에 들어갈 말은 무엇일까요?

134 맹 ☐ 삼천 : 교육에는 환경이 중요하다. 425

135 면벽구 ☐ : 뜻을 이루기 위해 참고 견딘다. 73

136 멸사봉 ☐ : 사심을 버리고 공익을 위해 애쓴다. 287

137 명 ☐ 지수 : 거울처럼 차분하게 안정된 마음 110

138 ☐ 명백백 : 아주 명백하고 확실하다. 452

139 명문세 ☐ : 유명하고 세력 강한 가문 150

140 명불허 ☐ : 이름이 널리 알려진 이유가 있다. 69

답 127. 작 128. 유 129. 홍 130. 탄 131. 논 132. 도 133. 서 당 134. 모 135. 년 136. 공 137. 경 138. 명 139. 가 140. 전

스피드 고사성어 퀴즈!

※ 각 고사성어 오른쪽에 쓰인 번호는 본책 속 고사성어 번호입니다.

127 막☐막하 : 더 낫고 더 못함의 차이가 없다. 336

128 막역지☐ : 허물없이 아주 친한 친구 49

129 만병☐치 : 방법 하나로 모든 문제를 해결한다. 105

130 만시지☐ : 너무 늦어 기회를 놓친 아쉬움 166

131 망☐지한 : 나라가 망해 사무친 한 167

132 망극지☐ : 끝없이 베풀어 주는 은혜 305

133 매점매☐ : 물건을 산 뒤 가격이 오르면 파는 것 402

친구와 누가 더 빨리
맞히나 시합해 보세요.

고사성어 빈칸에 들어갈 말은 무엇일까요?

120 동족 ☐ 잔 : 같은 겨레끼리 서로 싸우고 해친다. 98

121 두 ☐ 불출 : 문을 닫고 외출을 안 한다. 94

122 등 ☐ 문 : 용문에 오르듯 힘들게 출세한다. 438

123 등하 ☐ 명 : 등잔 밑처럼 가까운 것을 못 찾는다. 320

124 등화가 ☐ : 가을밤에는 등불에 책 읽기 좋다. 401

125 마부 ☐ 침 : 어려운 일도 노력해 이룰 수 있다. 38

126 마이동 ☐ : 남을 말을 듣지 않고 흘려 버린다. 327

스피드 고사성어 퀴즈!

※ 각 고사성어 오른쪽에 쓰인 번호는 본책 속 고사성어 번호입니다.

113 동문수▢ : 한 스승 밑에서 함께 배운다. 310

114 동병▢련 : 같은 처지끼리 서로 이해한다. 101

115 동분서▢ : 바쁘게 여기저기 다니는 모습. 134

116 동상▢몽 : 같이 행동하면서도 생각은 다르다. 380

117 동생공▢ : 함께 살고 함께 죽을 정도의 우정. 48

118 동서고▢ : 옛날부터 지금까지의 동양과 서양. 247

119 동족방▢ : 일시적인 효력은 오래 안 간다. 128

친구와 누가 더 빨리 맞히나 시합해 보세요.

고사성어 빈칸에 들어갈 말은 무엇일까요?

106 독불장 ☐ : 혼자서 자기 마음대로 하는 사람 149

107 독서 ☐ 편 : 어려운 글도 백 번 읽으면 이해된다. 211

108 독서 ☐ 도 : 책 읽는 3가지 방법. 구도, 안도, 심도 78

109 독 ☐ 삼매 : 책 읽기에 푹 빠져 있다. 24

110 독 ☐ 거서 : 다섯 수레에 실린 많은 책을 읽는다. 23

111 동고동 ☐ : 함께 괴로움과 즐거움을 나눈다. 7

112 동문서 ☐ : 질문과 관련 없는 엉뚱한 답 361

스피드 고사성어 퀴즈!

※ 각 고사성어 오른쪽에 쓰인 번호는 본책 속 고사성어 번호입니다.

099 대대손☐ : 여러 대에 걸쳐 내려오는 후손 400

100 대☐소이 : 조금만 달라 서로 비슷하다. 333

101 대명천☐ : 아주 밝고 환한 세상 245

102 대서☐필 : 특별히 큰 기사로 신문에 싣는다. 217

103 대☐명분 : 큰 뜻을 위해 마땅히 지켜야 할 도리 214

104 도원결☐ : 여럿이 의형제를 맺고 함께 일한다. 332

105 도☐경 : 가장 완전한 사회 246

친구와 누가 더 빨리 맞히나 시합해 보세요.

고사성어 빈칸에 들어갈 말은 무엇일까요?

092 다사다 ☐ : 여러 가지 어려운 일이 많다. 141

093 다재 ☐ 능 : 재주와 능력이 많다. 27

094 다 ☐ 다감 : 정이 많고 감정이 풍부하다. 88

095 단순호 ☐ : 입술이 붉고 이가 흰 아름다운 여자 148

096 당랑거 ☐ : 분수도 모르고 강자에게 덤빈다. 453

097 대기 ☐ 성 : 크게 될 사람은 늦게 성공한다. 36

098 대담 ☐ 쌍 : 누구보다도 겁 없고 대담하다. 41

스피드 고사성어 퀴즈!

※ 각 고사성어 오른쪽에 쓰인 번호는 본책 속 고사성어 번호입니다.

085 노기충□ : 화가 머리끝까지 나 있다. 165

086 노마지□ : 하찮아 보이는 사람도 장점이 있다. 398

087 노발□발 : 몹시 화가 나 펄펄 뛰며 성낸다. 86

088 노심□사 : 마음이 쓰이고 애가 탄다. 91

089 논공행□ : 공이 큰지 작은지 의논해서 상 준다. 399

090 누란지□ : 쌓아 올린 계란처럼 위태로운 형세 187

091 다□익선 : 많으면 많을수록 더욱 좋다. 346

친구와 누가 더 빨리 맞히나 시합해 보세요.

고사성어 빈칸에 들어갈 말은 무엇일까요?

078 난공불☐ : 공격하기 어려워 무너지지 않는다. 228

079 난형난☐ : 어느 쪽이 더 낫다고 하기 어렵다. 144

080 ☐남북녀 : 남쪽 남자와 북쪽 여자가 잘생겼다. 147

081 남녀노☐ : 남자, 여자, 노인, 어린이 31

082 남존여☐ : 여자보다 남자를 더 존중한다. 397

083 낭중지☐ : 뛰어난 사람은 저절로 드러난다. 28

084 ☐패 : 계획이 실패해 딱한 처지가 된다. 199

스피드 고사성어 퀴즈!

※ 각 고사성어 오른쪽에 쓰인 번호는 본책 속 고사성어 번호입니다.

071 기고만 ☐ : 우쭐대며 뽐내는 모습 97

072 기사회 ☐ : 죽을 뻔했다가 다시 살아난다. 106

073 기세 ☐ 등 : 기세가 아주 높고 힘차다. 448

074 기왕불 ☐ : 이미 지난 일은 탓하지 않는다. 394

075 기 ☐ : 미래에 대한 쓸데없는 걱정 344

076 낙장 ☐ 입 : 한번 내놓은 패는 물릴 수 없다. 395

077 낙정하 ☐ : 어려운 사람을 오히려 괴롭힌다. 396

친구와 누가 더 빨리
맞히나 시합해 보세요.

고사성어 빈칸에 들어갈 말은 무엇일까요?

064 금상첨☐ : 비단 위 꽃처럼 좋은 일이 겹친다. 124

065 금☐강산 : 금으로 수놓은 듯 아름다운 자연 244

066 금☐지락 : 부부 사이의 다정한 즐거움 54

067 금시초☐ : 지금 처음으로 듣는다. 136

068 금의☐행 : 밤에 비단옷 입듯 소용 없는 일 286

069 금의환☐ : 비단옷 입고 성공해 돌아온다. 33

070 금지☐엽 : 금 가지와 옥 잎사귀처럼 귀한 자식 423

정답 64. 화 65. 수 66. 슬 67. 문 68. 야 69. 향 70. 옥

스피드 고사성어 퀴즈!

※ 각 고사성어 오른쪽에 쓰인 번호는 본책 속 고사성어 번호입니다.

057 군위신☐ : 신하는 임금을 섬겨야 한다. 391

058 권모술☐ : 남을 속이는 꾀와 방법 449

059 권☐징악 : 선한 일은 권하고 악한 일은 혼낸다. 10

060 권토중☐ : 어떤 일에 실패했어도 다시 시도한다. 393

061 근☐자흑 : 나쁜 사람과 어울리면 물들기 쉽다. 8

062 ☐과옥조 : 금과 옥처럼 소중히 지켜야 할 규정 392

063 금란지☐ : 쇠와 난초처럼 향기롭고 두터운 우정 47

친구와 누가 더 빨리
맞히나 시합해 보세요.

고사성어 빈칸에 들어갈 말은 무엇일까요?

050 교우이☐ : 친구 사귈 때 믿음이 있어야 한다. 46

051 교☐삼굴 : 교활한 토끼처럼 위기를 준비한다. 63

052 교☐상장 : 가르치고 배우며 함께 성장한다. 309

053 ☐사일생 : 죽을 고비를 넘기고 겨우 살아난다. 431

054 구상유☐ : 젖내 나는 아이처럼 유치하다. 146

055 구☐일모 : 아주 많은 것 중에 아주 적은 수 390

056 군계일☐ : 사람들 속 눈에 띄게 뛰어난 사람 25

정답 50. 신, 51. 토, 52. 학, 53. 구, 54. 취, 55. 우, 56. 학

스피드 고사성어 퀴즈!

※ 각 고사성어 오른쪽에 쓰인 번호는 본책 속 고사성어 번호입니다.

043 과실상 ☐ : 잘못을 저지르지 않도록 서로 살핀다. 389

044 과유불 ☐ : 지나치면 모자란 것과 마찬가지다. 12

045 과 ☐ 이하 : 오해받을 행동을 하지 마라. 11

046 ☐ 포지교 : 관중과 포숙처럼 돈독한 친구 사이 133

047 괄목상 ☐ : 학식이나 재주가 놀랄 만큼 늘다. 82

048 교각 ☐ 우 : 잘못을 고치려다 일을 그르친다. 121

049 교언영 ☐ : 남에게 잘 보이려 알랑거리는 태도. 233

친구와 누가 더 빨리
맞히나 시합해 보세요.

고사성어 빈칸에 들어갈 말은 무엇일까요?

036 고장☐명 : 무슨 일이든 혼자서 하기는 어렵다. 115

037 고진감☐ : 고생 끝에 좋은 날이 온다. 9

038 고침안☐ : 베개를 높이 베고 편히 지낸다. 139

039 곡직불☐ : 옳고 그름을 따지지 않는다. 384

040 골육☐잔 : 혈족끼리 서로 해치고 죽인다. 227

041 공명☐대 : 그릇됨 없이 정당하고 떳떳하다. 232

042 공중누☐ : 아무 근거 없는 생각이나 사물 388

답 36. 난 37. 래 38. 면 39. 문 40. 상 41. 정 42. 각

스피드 고사성어 퀴즈!

※ 각 고사성어 오른쪽에 쓰인 번호는 본책 속 고사성어 번호입니다.

029 겸양지☐ : 겸손하게 양보하고 사양하는 마음 112

030 경거망☐ : 가볍고 경솔하게 행동한다. 183

031 경☐지색 : 나라를 기울일 만큼 아름다운 여자 433

032 경☐동지 : 하늘을 놀라게 하고 땅을 움직인다. 186

033 계란유☐ : 기회를 만났지만 결과가 좋지 않다. 127

034 ☐륵 : 쓸모없지만 버리기는 아까운 것 338

035 고립무☐ : 혼자라서 도와줄 사람이 없다. 429

친구와 누가 더 빨리
맞히나 시합해 보세요.

고사성어 빈칸에 들어갈 말은 무엇일까요?

022 견물생[　] : 물건을 보면 갖고 싶어진다. 85

023 견[　]지간 : 개와 원숭이처럼 늘 싸우는 관계 192

024 견[　]지쟁 : 싸움과 관계없는 사람이 이익 본다. 218

025 결사보[　] : 죽을 각오로 나라의 은혜를 갚는다. 304

026 결의형[　] : 의형제를 맺는다. 45

027 결[　]해지 : 일을 벌인 사람이 해결해야 한다. 184

028 결초보[　] : 무슨 일이 있어도 은혜를 꼭 갚는다. 130

정답 15. 친 16. 장 17. 미 18. 월 19. 롱 20. 세 21. 서 당 22. 심 23. 원 24. 토 25. 국 26. 제 27. 자 28. 은

스피드 고사성어 퀴즈!

※ 각 고사성어 오른쪽에 쓰인 번호는 본책 속 고사성어 번호입니다.

015 개과천☐ : 과거의 잘못을 고쳐서 착해진다. 456

016 개선☐군 : 장군처럼 성공해 돌아온 사람 34

017 거두절☐ : 설명 없이 하고 싶은 얘기만 한다. 1

018 건곤☐척 : 운명을 건 단 한 번의 승부 226

019 격☐치지 : 실제 사물을 연구해 지식을 얻는다. 308

020 격☐지감 : 세상이 많이 바뀐 것 같은 느낌 164

021 견금여☐ : 욕심을 갖지 않도록 애쓴다. 103

친구와 누가 더 빨리 맞히나 시합해 보세요.

고사성어 빈칸에 들어갈 말은 무엇일까요?

008 각주구 ☐ : 현실성 없는 낡은 생각을 고집한다. 382

009 간난 ☐ 고 : 몹시 어렵고 고생스럽다. 163

010 간 ☐ 상조 : 간, 쓸개를 보여 주듯 마음을 터놓다. 109

011 감언이 ☐ : 남에게 이롭고 듣기 좋은 말만 한다. 4

012 감지 ☐ 지 : 감사하고 덕으로 생각한다. 432

013 갑남 ☐ 녀 : 흔한 남자와 여자, 평범한 사람들 30

014 ☐ 론을박 : 서로 주장하며 상대에 반박한다. 100

스피드 고사성어 퀴즈!

※ 각 고사성어 오른쪽에 쓰인 번호는 본책 속 고사성어 번호입니다.

001 가렴주☐ : 세금을 가혹하게 거두고 빼앗는다. 311

002 가정맹어☐ : 가혹한 정치는 호랑이보다 무섭다. 459

003 각☐난망 : 은혜가 뼈에 새길 듯 커서 못 잊는다. 262

004 각골지☐ : 뼈에 사무칠 정도로 원통하다. 386

005 각양각☐ : 각기 다른 여러 가지 모양과 빛깔 372

006 각인☐색 : 사람마다 다 다르다. 435

007 각자도☐ : 각자 살아 나갈 방법을 스스로 구한다. 387

친구와 누가 더 빨리
맞히나 시합해 보세요.

똑똑해지는
고사성어 505
퀴즈북

기획·글 **도토리창작연구소**
그림 **오우성**